새로운 도서, 다양한 자료 동양북스 홈페이지에서 만나보세요!

www.dongyangbooks.com
m.dongyangbooks.com

KB177464

홈페이지 도서 자료실에서 학습자료 및 MP3 무료 다운로드

PC

❶ 홈페이지 접속 후 도서 자료실 클릭
❷ 하단 검색 창에 검색어 입력
❸ MP3, 정답과 해설, 부가자료 등 첨부파일 다운로드
* 원하는 자료가 없는 경우 '요청하기' 클릭!

MOBILE

* 반드시 '인터넷, Safari, Chrome' App을 이용하여 홈페이지에 접속해주세요. (네이버, 다음 App 이용 시 첨부파일의 확장자명이 변경되어 저장되는 오류가 발생할 수 있습니다.)

❶ 홈페이지 접속 후 ☰ 터치

❷ 도서 자료실 터치

❸ 하단 검색창에 검색어 입력
❹ MP3, 정답과 해설, 부가자료 등 첨부파일 다운로드
* 압축 해제 방법은 '다운로드 Tip' 참고

미래와 통하는 책

가장 쉬운 독학
일본어 첫걸음
14,000원

버전업! 굿모닝
독학 일본어 첫걸음
14,500원

일단 합격하고 오겠습니다
JLPT 일본어능력시험 N3
26,000원

일본어 100문장 암기하고
왕초보 탈출하기
13,500원

가장 쉬운 독학
중국어 첫걸음
14,000원

가장 쉬운 중국어
첫걸음의 모든 것
14,500원

일단 합격 新HSK
한 권이면 끝! 4급
24,000원

중국어
지금 시작해
14,500원

영어를 해석하지 않고
읽는 법
15,500원

미국식
영작문 수업
14,500원

세상에서 제일 쉬운
10문장 영어회화
13,500원

영어회화
순간패턴 200
14,500원

가장 쉬운 독학
베트남어 첫걸음
15,000원

가장 쉬운 독학
프랑스어 첫걸음
16,500원

가장 쉬운 독학
스페인어 첫걸음
15,000원

가장 쉬운 독학
독일어 첫걸음
17,000원

동양북스 베스트 도서

THE
GOAL 1
22,000원

인스타
브레인
15,000원

직장인, 100만 원으로
주식투자 하기
17,500원

당신의 어린 시절이
울고 있다
13,800원

놀면서 스마트해지는 두뇌 자극
플레이북 딴짓거리 EASY
12,500원

죽기 전까지
병원 갈 일 없는 스트레칭
13,500원

가장 쉬운 독학
이세돌 바둑 첫걸음
16,500원

누가 봐도 괜찮은 손글씨 쓰는
법을 하나씩 하나씩 알기 쉽게
13,500원

가장 쉬운 초등 필수 파닉스
하루 한 장의 기적
14,000원

가장 쉬운 알파벳 쓰기
하루 한 장의 기적
12,000원

가장 쉬운 영어 발음기호
하루 한 장의 기적
12,500원

가장 쉬운 초등한자 따라쓰기
하루 한 장의 기적
9,500원

세상에서 제일 쉬운
엄마표 생활영어
12,500원

세상에서 제일 쉬운
엄마표 영어놀이
13,500원

창의쑥쑥 환이맘의
엄마표 놀이육아
14,500원

동양북스
www.dongyangbooks.com
m.dongyangbooks.com

Bank

눈길이
머무는

프랑스
문화와
예술

곽노경 지음

동양북스

눈길이 머무는
프랑스 문화와 예술

초판 1쇄 발행 | 2022년 9월 5일

지은이 | 곽노경
발행인 | 김태웅
편 집 | 김현아
마케팅 | 나재승
제 작 | 현대순

발행처 | (주)동양북스
등 록 | 제 2014-000055호
주 소 | 서울시 마포구 동교로 22길 14 (04030)
구입문의 | 전화 (02)337-1737 팩스 (02)334-6624
내용문의 | 전화 (02)337-1762 dybooks2@gmail.com

ISBN 979-11-5768-610-0 03760

세상에 책을 선보이며

Que l'importance soit dans ton regard, non dans la chose regardée !
André Gide 『Les nourritures terrestres』
중요한 것은 보여진 것이 아니라 네 시선에 있기를!

Une chose ne vaut que par l'importance qu'on lui donne.
사물은 우리가 부여하는 중요성에 의해서만 가치롭다.

매일 지나치는 길인데 가끔 새로운 길처럼 보일 때가 있다. 익숙해져서 마치 내 인생의 배경처럼 놓인 것으로 착각하며 흘려보냈기 때문일 것이다. 그러다 멀리 외국에서 친구가 와서 함께 걷다가 친구의 발걸음이 멈추는 곳을 보면 내 눈에는 여전히 별로 특별해 보이지 않았다. 그런데 희한하게도 친구는 한참을 들여다보고 있었다. 이 모습이 너무 낯설고 신기했다. 내가 프랑스를 이렇게 대하고 있지는 않았을까? 힘든 유학 시절을 보냈던 곳, 공부하느라 놓쳐버린 프랑스의 곳곳을 다시 세심히 들여다보고 싶었다. 그래서 이곳저곳을 기웃거리며 눈길이 닿은 곳에 새로운 의미를 부여해보았다. 마치 여행을 하듯이... 하지만 그저 여행으로 끝나지 않고 가슴에 선물을 한아름 담아 올 수 있도록... 독자들도 함께 눈길을 옮기며 그 안에 담긴 시선들을 느껴보는 시간이 되기를 바란다.

목차

Bank

눈길이
머무는
프랑스
문화와
예술

01 하늘과 거리에서 빛나는 문화

엘리제궁의 수탉문양

언젠가 영국 런던을 기반으로 활동하는 카라니코로브(Dimitar Karanikolov)[1]가 하늘에서 바라본 풍경들을 사진 작품으로 남겨 그 경이로운 모습을 인스타그램에 올려놓았다. 그의 시선은 지금까지 우리가 흔히 사물을 대하던 시선과는 사뭇 달랐다. 시선을 살짝만 돌리면 매일 똑같아 보이는 것들도 생소한 모습으로 다가올 때가 있다. 하지만 우리는 대부분 늘 같은 곳을 같은 자세로 바라보며 살아간다. 그래서 필자도 지금까지 알던 프랑스 문화와 예술을 조금 다른 시선으로 새롭게 바라보기로 했다. 이제 그 문화 속으로 들어가 함께 여행을 해보도록 하자.

---

1) https://www.instagram.com/karanikolov/

1 수탉 풍향계

처음 프랑스를 방문했을 당시 엘리제궁 정문을 장식하는 수탉의 모습이 필자의 눈길을 사로잡았다. 그러다 지방을 여행하는 길에 지붕 위에서 빙글빙글 돌아가는 풍향계가 눈에 들어왔다. 풍향계는 모습이 무척 다양했는데 그중에서도 수탉의 모습을 한 풍향계가 유독 많았다. 그래서 자연스레 수탉에 대해 궁금해지기 시작했다. 프랑스 문화를 연구하면서 프랑스에서 수탉이 상징하는 의미가 생각보다 깊다는 사실을 알게 되었다. 독일의 독수리, 영국에서는 사자, 스페인은 황소가 그 국가를 상징한다. 대체 수탉은 어떻게 프랑스를 상징하는 동물이 되었을까?

'모욕'적인 명칭이 한 나라의 '상징'으로

미셸 파스투로(Michel Pastoureau)[2]는 라디오 방송에서 수탉은 프랑스라는 국가가 형성되기 전에 이미 프랑스를 상징하는 동물로 여겨졌다고 한다. 프랑스인들이 국가의 상징적인 동물로 수탉을 사용하게 된 계기는 고대 프랑스로 거슬러 올라간다. 당시 로마인들은 프랑스 민족의 근원인 골족(갈리아족)을 '갈루스(Gallus)'[3]라고 일컬었다. 그들은 골족들을 비하하며 조롱하려는 의도로 이 단어를 사용했다. 공교롭게도 소문자로 'gallus'는 라틴어에서 '수탉'이라는 뜻을 지닌 단어와 발음 및 철자가 완전히 일치했다.[4] 소문자와 대문자로 표기하는 부분만 차이가 날 뿐이었다. 로마가 골족을 점령했을 때 당시 카이사르는 프랑스 요리를 상징하는 꼬꼬뱅을 골족들에게 대접함으로써 골족들을 마당을 휘젓고 다니는 허세 가득한 수탉에 비유하

---

2) 프랑스 중세역사 교수, 중세 문장학의 대가이며, 색채 분야에 관한 한 최초의 국제적 전문가

3) 골족 혹은 갈리아족으로 대변되는 옛 프랑스 민족의 명칭은 여러 가지 가설들이 있다. 첫째는 그리스어에서 새의 이름을 지칭하기 때문에 새의 명칭에서 비롯되었다는 이야기, 둘째는 '갈리아의 수탉'이라는 명칭이 오히려 갈리아족에게 그 명칭을 허락했다는 추측, 마지막으로 여신의 대성소가 있는 마을을 가로지르는 강의 명칭에서 비롯되었다는 이야기가 전해지고 있다. 어떤 경로이든 수탉은 프랑스와 연관이 깊은 것만은 사실이다.

4) https://fr.wikipedia.org/wiki/Symbolisme_du_coq, gallus (coq) et Gallus (Gaulois): Suétone dans Vies des 12 Césars.

수탉 풍향계

며 조롱했다.

이야기는 기원전 52년으로 거슬러 올라간다. 아르베르느의 젊은 부족장인 베르상제토릭스 드 바르톨디(Vercingétorix de Bartholdi)는 로마의 점령에 맞서 반란군을 조직하려고 당시 흩어져있던 골족들을 불러 모았다. 그리고는 갈리아 전쟁 중에 로마군을 깔보며 경멸하는 표시로 호전성, 공격성, 용맹, 자부심을 상징하는 골족의 수탉을 제르고비에 주둔해 있던 율리우스 카이사르한테 보냈다. 그런데 카이사르는 역으로 군사 동맹을 맺는다는 핑계로 이들을 저녁 만찬에 초대해 수탉에 포도주를 붓고 은근히 끓인 요리(꼬꼬뱅 Coq au vin)를 그들에게 내놓았다. 이후 골족이 전쟁에 패하면서 수탉은 전쟁에 패한 프랑스인을 조롱하는 동물로, 한발 더 나아가 골족을 비하하는 상징적인 동물로 자리 잡았다. 하지만 정작 수탉 이야기를 이리저리 퍼트린 이들은 바로 로마의 시인들이었다. 그들은 이야기 속에 풍자를 담아 말장난하듯 재미있는 표현을 선보였다. 당시 수탉은 로마 점령하에 있던 골족들이 봉헌하는 로마의 여러 신들의 속성을 대변해주었다. 그래서 오히려 용기나 용맹스러움으로 찬양을 받곤 했다. 또 로마 시인들은 닭싸움을 열어 수탉의 특이한 행동을 즐기며 열광하는 골족 엘리트들의 모습을 문학적 표현을 가미해 용맹한 전사로 묘사했다. 이러한 골족의 특징은 로마시인들의 말장난 속에서 긍정적 혹은 부정적인 표현으로 새롭게 거듭났다.

긍정과 부정이라는 이중적 상징성을 지닌 수탉이 프랑스 왕가를 상징하는 동물로 자리매김하기까지는 천년이라는 세월이 필요했다. 수탉은 중세에 접어들어서야 비로소 비웃음의 자리에서 왕가를 대변하는 상징적인 위치로 올라섰다. 하지만 문학작품 속에서는 여전히 부정적인 이미지를 드러내기도 했다. 그러다가 르네상스 시기에 발루아와 부르봉 왕가를 통해 왕족의 공식적인 엠블럼으로 등장하기 시작했다.[5] 그러나 이 시기에도 수탉은 음욕, 분노, 어리석음이나 호전성 등 다소 부정적인 측면이 강했다. 그래서

---

5) https://fr.wikipedia.org/wiki/Bonnet_phrygien

세빌리아의 이시도르는 수탉과 골족을 연관시키기를 거부했다. 그 이유는 조류 가운데 유일하게 거세당하는 조류가 바로 수탉이기 때문이다. 7세기 경 게르만의 황제나 영국의 왕령을 받은 작가들은 문학작품 속에서 프랑스인들을 안마당을 휘젓고 다니며 으스대는 동물인 수탉에 비유하며 그들을 풍자하기도 했다.

프리지앙 모자

프랑스의 수탉은 이러한 부정적인 상징성을 딛고 긍정의 이미지로 거듭났다. 수탉의 상징성이 궁극적으로 확장된 계기는 프랑스 대혁명이다. 프랑스 혁명 당시 혁명당원들은 자유와 시민권을 상징하는 프리지앙 모자(bonnet phrygien)[6]를 머리에 착용했다. 화가들은 그림 속에 프리지앙 모자를 쓴 혁명당원들의 모습을 그려 넣었다. 그러자 프리지앙 모자를 쓴 수탉까지 등장하면서 수탉은 부정적인 의미를 뛰어넘어 혁명과 더불어 경각심과 노동으로 의미가 확대되었다. 수탉의 울음소리는 이른 아침 새벽을 밝히며 기상하는 농부들의 고된 하루를 일깨우기 때문이다. 한때 나폴레옹 황제는 프랑스 제국을 상징하는 동물로 힘없는 수탉이 부적절하다며 수탉 대신 독수리를 내세웠지만 7월 왕국(1830-1848)에 수탉은 다시 그 영광을 되찾았다. 루이 필립 왕은 수탉 문양이 들어간 국기와 의장대의 단추를 사용하도록 명령함으로써 나폴레옹 황제가 말살하려던 프랑스 수탉의 상징적인 위상을 회복시켰다.

세계 2차 대전 당시에는 독일의 독수리에 대항하는 동물로서 수탉이 선전 포스터에 등장하여 벽을 장식하며 독일의 위협에 맞서 투쟁하는 프랑스인들의 용기를 대변했다. 그래서인지 전쟁 이후 전사자들을 기리는 위령

---

6) 로마시대에 자유를 얻은 노예들이 쓰던 모자(pileus)에서 유래된 이 모자는 프랑스 대혁명 당시인 1789년 혁명당원들이 쓰고 자유를 위해 투쟁하였다. 이후 미국의 독립운동 당시 뉴욕주의 깃발에 등장하여 자유의 상징이 되었다. https://www.pariszigzag.fr/secret/histoire-insolite-paris/pourquoi-le-coq-est-lembleme-de-la-france

비나 기념관에도 수탉 문양이 등장했다. 이처럼 비웃음을 상징하던 수탉의 의미는 차츰 긍정적인 의미로 변화하여 마침내 프랑스의 자부심과 연결되었다. 수탉과 연관된 역사를 살펴보면 말장난에서 비롯된 수탉이라는 단어와의 결합이 지금처럼 유명세를 타리라 예상치 못했음을 보여준다. 사실 실제로 일명 갈리아 수탉의 모습[7]은 골족(갈리아족)들의 수탉이라 명하기에는 다소 거리감이 있다. 이러한 단점에도 불구하고 결국 수탉은 전투, 용맹, 대담함을 상징하는 동물로 그 상징성을 견고히 함으로써 현재는 여러 국가로부터 프랑스를 상징하는 분신과 같은 동물로 자리 잡았다.

프랑스에서의 상징성:
본능적 특징과 종교적 전승에서 비롯된 '상징'으로

작가들은 수탉의 행동적인 특징들을 통해 수탉을 다양하게 묘사한다. 그 중에서도 특히 긴 밤이 끝나고 동트는 새벽을 알리는 동물로, 혹은 호전적이며 거들먹거리는 공격적인 모습으로 표현한다. 간혹 부산하고 호들갑스러운 수탉의 특징이 두드러지게 비추어지기도 한다. 하지만 프랑스에서 수탉은 무엇보다 혁명기였던 1791년 4월 9일 '경계의 상징'으로 자리 잡았다. 그래서 혁명 시기에는 에큐(19세기의 5프랑 은화)에 등장하기도 했다.

한편으로 수탉은 기독교 문화에서 중요한 의미를 지닌다. 긴 밤의 어둠을 밝히며 떠오르는 새날을 상징하는 동물인 수탉은 성경 구절에 종종 등장한다. 예수는 제자인 베드로가 자신이 예수를 버리지 않겠노라 다짐하는 순간 '닭 울기 전에 네가 세 번 나를 부인하리라'[8]라는 예언을 통해 베드로에게 배신을 경계하도록 당부한다. 이후 예수의

참회하는 성 베드로, 베드로의 부인(Saint Pierre repentant: Le Reniement de saint Pierre), 제라르 세게르 그림

---

7) Gallus gallus domesticus Linnaeus, 1758
8) 신약성경 마태복음 26장 34절, 74-75절.

예언처럼 베드로는 예수를 부인하고 그 말이 끝나기 무섭게 수탉의 울음소리가 베드로의 귓가에 들려온다. 베드로의 일화로 신자들에게 닭 울음소리를 통해 경각심을 일깨워줌으로써 수탉은 마치 믿음의 새날을 알려주는 예수의 재현과 같은 역할을 했다. 그래서 수탉의 울음은 악에 빠져 있던 인간에게 선을 일깨워주는 그리스도의 삶을 떠올리며 어둠을 몰아낸 예수를 묵상하도록 한다. 이처럼 새벽을 깨우는 수탉의 울음소리는 영적으로 깊은 잠에 빠져있는 자들에게 경각심을 갖도록 해준다. 그래서 수탉은 게으름이나 잠과는 대조를 이루는 경계나 경각심을 상징한다.

이후 수탉의 울음소리는 가톨릭 국가인 프랑스에서 교인들이 새벽에 일찍 일어나 예배하는 새벽기도와 연관되었다. 그러다 수탉은 풍향계 형태로 5세기 교회 종탑에 등장했다. 이후 수탉은 프랑스뿐 아니라 동유럽에서 여러 국가의 하늘을 장식하게 되었다. 교회 종탑에 세워진 수탉은 '어린수탉(cochet)'이라 불리며 교회가 해 뜨는 동방, 즉 예루살렘을 향하도록 방향을 제시해주는 역할을 하였다. 교회 종탑을 장식하던 수탉은 9세기부터 풍향계의 역할을 하며 구원자인 그리스도가 교인들을 죄와 위험에서 보호한다는 의미를 나타내게 되었다.

하늘에서 고귀함을 뽐내는 수탉

프랑스인들은 풍향계를 떠올릴 때마다 풍향계가 몇 세기에 걸쳐 꼭대기에서 일어나는 모든 일들을 지켜본 프랑스 자체라고 말한다. 1840년 골족 시인인 마르샹기(Marchangy)는 교회 첨탑의 화살표 위에 세워진 수탉은 '경계의 모방품(simulacre)'이라고 기록했다. 골족과 서고트 부족의 상징인 동시에 기독교의 상징이기도 한 수탉은 7월 왕정의 상징으로 자리를 잡은 이후로 공화주의의 엠블럼이 되었다. 수탉의 형상은 시기별로도 매우 다양하다. 교회의 첨탑에서 바람을 맞으며 빙글빙글 돌아가는 풍향계는 어린이에게는 그림자 연극처럼, 어른들에게는 옛 추억을 불러일으키는 즐거움으로 마을 지붕 이곳저곳에서 그 역할을 담당했다. 예측을 불허하는 바람의 변덕스러움은 다양한 이야기들을 탄생시켰다. 이러한 이야기들이 전설로 전해지며 풍향계의 모습도 그만큼 다양하게 지붕 위로 하나, 둘 내려앉았다. 풍향계는 무엇보다 바람의 방향을 지시해주는 기능적인 역할을 담당하는 도구였다. 하지만 또 한편으로는 멀리서 길을 찾아오는 나그네들에게 꼭 필요한 이정표의 역할을 해주었다. 집주인들은 때때로 자신의 직업을 상징적인 모습의 풍향계로 제작하여 지붕 위에 매달았다. 그래서 긴 여행에 지친 나그네들은 풍향계를 보며 카바레나 선술집(taverne)을 찾을 수 있었고 지붕에 세워진 풍향계를 통해 집주인의 직업을 추측하기도 했다.

수탉 모양의 풍향계는 9세기부터 금빛 꼬리를 휘날리며 교회 첨탑 꼭대기에 굳건히 서서 풍향계 고유의 역할을 묵묵히 수행했다. 중세까지만 해도 수탉 풍향계는 교회나 성에만 허락된 특권이었다. 그러다 점차 부르주아들이 경제적으로 부유해지면서 그들만의 코뮌(Commun)을 형성하며 귀족과 교회에 부여된

바이유의 타피스리

특권을 누리려 했다. 결국 1659년 2월 22일 그르노블 의회는 성주의 지붕에도 풍향계를 세울 수 있다는 판결을 내렸다. 돌파구가 활짝 열리자 성주들은 너도나도 앞다투어 자신들의 화려한 성의 지붕 위에 풍향계를 달았고 이후 부유하지는 않지만 이를 모방하던 장인들과 심지어 하층민들까지 풍향계 열풍에 합세했다. 프랑스의 하늘은 어느새 독특하고 다양한 흑백 만화 같은 장면들이 지붕 위로 펼쳐졌다. 게르만족의 영향으로 프랑스에서는 쉽게 볼 수 없던 용, 괴물 같은 동물들이 지붕 위에 등장하기도 했지만 가장 흔한 모습은 누가 뭐래도 역시 수탉 문양이었다. 풍향계의 모습은 신분 계급에 따라 정해졌다. 단순히 기사일 때는 삼색기 모양의 풍향계를 꼭대기나 지붕 쪽에 세울 수 있었다. 이는 군대를 거느린 봉건 군주임을 상징적으로 보여주는 표시였다. 요새를 점령하거나 성곽을 탈취하면 풍향계를 꽂아 사

방에서 이를 볼 수 있도록 했다. 이러한 기록은 바이유(Bayeux)의 유명한 타피스리에 나타나 있다. 타피스리 오른쪽에 웨스트민스터 사원 종탑[9]에서 한 남자가 날개를 펼친 수탉 모양의 풍향계를 제거하는 광경이 보인다.

안녕 파리(Bonjour Paris), 마크 샤갈 그림

풍향계는 고전의 전통을 이어받아 환상적인 동물의 모습을 취하거나 직업의 표시로 발전하였다. 동물의 모습을 취한 풍향계는 집을 보호해주고 악을 막아달라는 바람을 담았다. 그래서 풍향계는 사회적인 역할과 더불어 장식적인 효과를 드러내게 되었다. 현대로 오면서 풍향계가 하던 역할을 대신하는 많은 도구들의 출현으로 시적이며 낭만적인 역할을 담당하던 풍향계는 차츰 설 자리를 잃어갔다. 수탉을 형상화한 이미지는 풍향계 이외에 다양한 영역에서 프랑스를 상징해주고 있다. 2019년 화재에 휩싸인 파리의 노트르담 성당의 종탑에 세워진 수탉[10]을 비롯하여 1899년 주조된 20프랑짜리 금화의 뒷면을 장식하기도 했고 19세기 말에 건축된 프랑스 대통령의 관저인 엘리제궁 정문에 금빛으로 빛나는 수탉까지 프랑스의 곳곳에 흔적을 남겼다. 현대로 오면서 수탉은 샤갈의 '봉주르 파리'라는 그림 속에 등장하여 프랑스가 수탉을 프랑스의 상징적인 동물로 여기고 있음을 보여주었고 19세기 말에 건설된 알렉상드르 3세 다리 위를 걷다 마주치는 가로등에도 수탉 문양이 새겨졌다. 수탉의 상징성은 스포츠의 영역에서도 힘을 발휘하여 프랑스축구협회(Fédération Française de Football, 약자 FFF)에서 국제적인 행사 로고에 포함되어 프랑스를 주지시킬 때 사용되고 있다. 또한 1882년부터 프랑스에서는 르꼬끄 스포르티프(Le coq sportif)라는 스포츠 용품 브랜드로 수탉과 맺은 인연을 현대로 이어오고 있다. 프랑스를 여행할 때 '꼬꼬리꼬'라고 한껏 목소리를 높여 울부짖으며 자신의 존재를 드러내는 프랑스만의 수탉, 곳곳에 모습을 숨기며 프랑스를 응원하는 수탉 문양을 찾아보며 기록하는 재미를 느껴보아도 좋을 듯하다.

---

9) Daniel Couturier, 『L'esprit de la girouette』 Cheminements, 2006, p.46

10) 아틀리에 몽뒤(Ateliers Monduit)에서 제작된 수탉 모양의 청동 주조물이 2019년 4월 15일 노트르담 성당 화재 당시 아래로 추락하였는데 다행히 파리의 한 시민이 수거하였다.

2 프랑스식 산책

프랑스에서 유학하는 동안 집 뒤로 생 클루(Domaine national de Saint-Cloud) 공원이 있었다. 지치고 우울할 때면 자주 공원에 들러 푸른 나무 아래 누워 파란 하늘에 미래를 그려보며 이런저런 상상을 하곤 했다. 프랑스는 그 어느 나라보다 산책하기에 적합하다. 산책하면서 생각을 많이 해서일까? 프랑스에는 이름만 대면 알 수 있는 유명한 철학가들이 즐비하다. 한국은 최근 걷기 열풍으로 충만하다. 걷기에는 여러 종류가 있겠지만 프랑스인들은 곳곳에 공원이 있고 반려견을 많이 데리고 살아서인지 도심 속에서도 산책을 자주 하며 걸어다니는 편이다. 스위스 태생으로 산책을 예찬한 유명한 작가인 로베르트 발저는 『산책』이라는 책에서 '산책은 나를 살게 하고 나에게 살아 있는 세계와의 연결을 유지시켜주는 수단'이며 '특별한 목적지 없이 발길 닿는 대로 돌아다니는 산책을 하다 보면 수천 가지 생각이 머리에 떠오르는데, 그것이 내게는 얼마나 아름답고 유용하고 쓸모 있는 일인지 모릅니다'[11] 그리고 '산책은 내가 일할 수 있도록 도와주며 개인적으로는 기쁨과 즐거움의 원천이기도 합니다. 상쾌하게 만들어 위로해주고 기쁘게 하는 산책은 나에게 쾌감을 주는 동시에, 나중에 집에서 열성적으로 부지런히 작업할 수 있도록 크고 작은 수많은 대상들을 자료로 제공해줌으로써 더 폭넓은 창작으로 펼치도록 자극하고 촉진하는 고유한 특성을 갖습니다.'라며 산책이 창작 활동의 원동력임을 밝혀주었다. 프랑스의 문학가인 프루스트(Proust)도 유명한 소설인 『잃어버린 시간을 찾아서』에서 주인공의 발이 돌에 부딪히자 일부 기억이 되살아나는 장면을 묘사해주며 걷기가 우리의 지적 활동과 연관됨을 보여주었다.

프랑스어에서 산책(promenade)이라는 단어의 변화를 살펴보면 1599년에는 산책하는 장소를 지칭했다가 중세로 들어서며 산책하는 행위를, 이후에는 간결하고 손쉬운 여행이라는 의미로 변하는 것을 알 수 있다. 산책이

---

11) 로베르트 발저, 『산책』, 박광자역, 민음사, 2016, 340쪽.

장소에서 행위로 그리고 짧지만 의미 있는 여행으로 변화하는 과정은 아마도 바쁘게 살아가는 사람들의 의식 변화를 반영한 것이 아닐까라는 생각이 든다. 현대인들에게 산책이란 다양한 걷기의 한 종류로서 산책가들이 걸으면서 지나가는 장소의 다양한 공간감의 매력을 느낄 수 있는 특별한 걷기의 형태라 할 수 있다.

라벤더 들판 산책

파리에서는 오래전부터 다른 도시와는 다른 걷기의 광경이 펼쳐졌다. 일명 파사주(아케이드)라 일컬어지는 여러 갤러리의 진열창을 구경하며 산책하는 이들의 등장이다. 사실 파리는 천천히 걸으며 스쳐 지나가는 회색빛 건물과 하늘, 그리고 배경처럼 펼쳐지는 녹색의 가로수들이 서로 조화를 이루며 마치 한 폭의 풍경화처럼 뭉클함을 선사하는 곳이다. 그중에서도 오페라 광장에서 출발하여 파사주를 통해 파리 중심으로 이어지는 산책은 벤야민이 이야기하듯 '상품 자본의 신전'을 거닐며 산책과 쇼핑을 동시에 이루는 '프랑스식 산책'의 대표적인 구간이다. 요즘도 파리지엥들은 1761년 잼을 만드는 기술을 가르쳐준 '라 메르 드 파미으(La Mère de Famille)'등이 위치한 오래된 파사주로 느린 발걸음을 옮기며 옛 파리지엥 들과 비슷한 시선으로 이곳저곳을 탐색하며 걷는다. 지붕으로 가리워진 파사주는 당시에 지어진 건축물을 통해 즐비하게 들어선 갤러리로 이루어져있다. 갤러리 위로는 하늘을 살짝 가린 유리로 제작된 천장이 있고 천장 아래로는 찬란한 파리의

파사주 데 파노라마

태양이 환하게 빛을 발하며 따스한 햇살을 선사한다. 파사주는 대부분 1860년 파리가 확장되기 이전에 센강 우측으로 자리 잡았다. 1850년대 파리에는 150여 개의 파사주가 존재했다. 신발, 의상, 미용 등 온갖 종류의 파리 패션들이 파사주를 따라 선을 보였다. 몇몇 파리지앵들은 이러다가 파리 시민 모두 온실 속 과일처럼 변할지도 모른다며 불평을 늘어놓기도 했다. 그래서였을까? 오스만 남작은 파리에 도시를 관통하는 대로를 형성함으로써 대형 백화점들이 파사주와 경쟁하도록 하였다. 그 결과 많은 파사주들이 모습을 감추게 되었다. 이처럼 산책의 현대적 형태는 19세기 프랑스의 나폴레옹 3세와 오스만 남작의 대대적인 파리 재정비 사업으로 새로운 전환점을 맞이했다. 현재 파리에 남겨진 파사주들에는 상점, 카페 및 식당이 들어서 있다. 20여 개의 파사주들은 대로변에 위치해 있어 관광객들의 시선을 사로잡는다. 가장 오래된 파사주 가운데 하나는 파사주 데 파노라마(le passage des Panoramas)로 1799년에 건설되었으며 버라이어티 극장이 그곳에 자리를 잡았다. 파사주들은 각자 그들만의 특징을 뽐내고 있다.

프로므나드 플랑테

　이처럼 오래된 행위인 프랑스인들의 산책은 어느새 새로운 매력을 선사하는 간편한 여행으로 거듭났다. 이창남은 『도시와 산책자』라는 책에서 '루소가 말한 '고독한 산책자의 몽상'이 가능했던 시대는 끝나고, 현대의 산책자들은 고립을 벗어나거나, 반대로 자기만의 고독을 확보하려 길을 나선다. 산책자는 뭔가를 찾으려 도시를 걷지만, 그 도시는 오히려 산책자의 내부를 점거한다. 도시와 산책자가 산책을 통해 맺는 관계는 이처럼 변증법적이다.'라고 밝히고 있다.[12] 산책은 이제 바쁘게 일하며 살아가는 평범한 도시인들에게 저렴하면서 짧은 여행의 느낌을 불러일으키는 신개념의 행위이다. 이런 매력을 알아서인지 프랑스는 프랑스인들뿐 아니라 이곳을 찾은 관광객들에게 도심 속에서 짧은 여향을 느끼도록 매력적인 산책로를 개발하여 새롭게 정비하였다. 그중에서 가장 사랑을 받는 곳은 누가 뭐래도 프로므나드 플랑테(Promenade plantée)일 것이다.

12) 이창남, 『도시와 산책자: 파리, 베를린, 도쿄, 경성을 거닐다』, 사월의책, 2020.

이곳은 말 그대로 식물을 심은 산책로를 의미한다. 프랑스에서는 1845년 산업혁명과 도시화 과정에서 도심 내외를 연결하는 '작은 벨트(Petite Ceinture)'라는 도시철도를 건설하였는데 철도는 물류와 사람들이 대규모로 빠르게 이동할 수 있도록 편리함을 제공함으로써 프랑스라는 국가의 자부심을 드러냈다. 파리 시민들은 효율성을 위해 철도가 도시를 관통하는 것을 허용했다. 하지만 1859년 바스티유 오페라가 위치한 바스티유역에서 파리 남서쪽으로 14km 떨어진 라 바렌느 생 모르(la Varenne-Saint-Maur)역까지 화물열차를 수송하기 위해 건설되었던 철도는 1969년 지역고속전철망인 RER(Réseau Express Régional)가 도입되면서 12월 14일 노선 이용이 중단되었고 이후 수년 동안 방치되었다. 그러자 철도는 어느새 녹이 슬며 붉은빛으로 변해갔다. 급기야 도심 내 흉물로 전락하여 철거를 기다리는 운명에 처해졌다. 이렇듯 붉게 녹슨 선로를 새로운 모습으로 탄생시킬 인물들이 등장했다. 미테랑 대통령 시절 기존의 건축물들을 창의적으로 활용하는 프로젝트 공모전에 당선된 건축가인 필립 마티유(Philippe Mathieux)와 조경가 자크 베르즐리(Jacques Vergely)였다. 이들은 프로젝트에서 선보인 계획안에 기초하여 단계별로 공사를 실행하였고, 1993년 프로므나드 플랑테를 완공하여 시민들에게 선보였다. 그들 덕분에 퇴색한 철도는 자연의 향기를 풍기는 도심 속의 작은 휴식처로 거듭났으며 파리 12구의 새로운 예술 장소로 탈바꿈했다. 이곳에서는 기존의 파리가 보여주는 것과는 다른 모습, 숲길을 따라 걷는 평온한 풍경 속으로 접어들어 자연의 향기를 만끽할 수 있다. 완공 후 10년이 지나서 '비포 선셋(Before Sunset (2004))'이라는 영화를 통해 유명세를 타기 시작했다. 프로므나드 플랑테는 비아뒥 데 자르(Viaduc des Arts)라는 고가 위에 있는 폐철도 부지를 활용한 최초의 공원이라는 타이틀과 함께 산업혁명으로 인해 생겨난 도시의 골칫거리를 허무는 대신 그 누구도 상상하지 못한 멋진 공원으로 재창조한 프랑스적인 발상의 본보기라 할 수 있다.

02 파리, 파리

영화 Midnight in Paris의 한 장면

　　누구나 한 번쯤은 파리를 방문하고자 하는 로망을 안고 살아간다. 그곳에 가면 그동안 누리지 못한 자유를 만끽하리라 소망하고, 젊은이들은 그곳에서 사랑하는 누군가를 만나 로맨스를 경험할지도 모른다는 기대로 부푼 가슴을 안고 파리로 들어선다. 파리는 유럽 문화가 꽃필 수 있도록 문화적 교류의 장소를 제공한 문화의 중심지이다. 파리는 기원전 3세기경에 골족의 한 부류인 파리지(Parigi)[13]들이 시테섬에 자리를 잡으며 시작되었다. 프랑크 왕족의 수도인 이곳에 골족들이 모여 살았기 때문이다. 그래서 노트르담 성당의 역사보다 두 배 앞서 형성된 도시이기도 하다.

---

13) '파리지'라는 단어는 '명령하다', '일깨워주다'라는 의미를 지닌 peri에서 왔다는 설도 있고 다른 한편으로는 솥을 뜻하는 pario에서 비롯되었다는 의견도 있다.

'파리'라는 명칭에 대해 호기심을 갖는 분들도 있을 것이다. 파리는 라틴어로 진창 혹은 수렁 도시라는 뜻의 '루테치아(Lutetia)'로 불렸다. 파리의 기원은 기원전 300년경 로마가 시테섬을 점령한 후 그곳에 요새와 성을 지을 때부터 시작되었다. 파리를 하늘에서 바라보면 마치 햇살 모양처럼 '방사형'으로 확장된 광경이 펼쳐진다. 이런 형태는 자연 속에서 곤충, 꽃잎 등 종류를 가리지 않고 이곳저곳에 등장하여 인간의 삶과 건축에 큰 영향을 행사했다. 미래를 내다보며 건설한 옛 도시 파리도 이러한 자연의 지혜를 이어받아 방사형으로 뻗어나간 도시이다.

1 햇살처럼 뻗어나간 도시

방사형의 도시인 파리는 좀 더 다양한 방식으로 깊이 들여다 볼 수 있다. 우선 외형적으로 파리는 시테섬을 중심으로 센 강 좌·우로 나누어 살펴볼 수 있다. 파리는 센 강과 역대 여러 왕들의 의지로 이루어졌다고 한다. 왕위에 오른 역대 왕들은 파리에 그들만의 흔적과 자취를 남기고 싶어 했으며 공화국이 된 이후 프랑스의 대통령들 또한 파리를 아름답게 가꾸려 노력하였다.

파리 곳곳에는 아직도 로마 시대의 흔적이 감춰져 있다. 로마가 파리를 식민지로 만든 이후 로마는 건축물뿐 아니라 프랑스인들의 사고 속에 라틴문화의 우월성을 각인시켰다. 루이 14세나 나폴레옹 등 권력을 행사했던 위대한 왕들은 강력한 힘을 자랑하고 화려한 문화를 누린 로마를 부러워했다. 그래서 루이 14세는 로마 황제의 옷을 걸친 모습으로 승리의 광장(Place des Victoires)이나 베

승리의 광장. 루이 14세 동상

르사유궁에 동상을 세웠다. 세월이 흐른 뒤 나폴레옹 역시 방돔 광장에 로마 시대 옷차림을 한 모습으로 동상을 건립했다. 이처럼 프랑스의 권력층은

로마 황제를 모델로 삼아 자신들의 모습을 예술 작품으로 승화시키려고 애썼다. 프랑스인들은 후에 로마의 라틴문화를 저항 없이 수용한 선조들의 선택에 아쉬움을 보이며 『아스테릭스』라는 만화를 통해 로마 세력에 끊임없이 저항하는 골족을 등장시켜 자존심을 회복하려 했다. 화려한 문화를 자랑하던 로마는 프랑스 안에 로마 특유의 문화적인 잔재들을 심어두었다. 로마가 점령한 지역의 특징은 포럼, 공중목욕탕, 극장이 주로 세워졌다는 것이다. 파리도 예외는 아니었다. 그래서 화려한 채색으로 장식된 로마 공중목욕탕의 흔적이 클뤼니 중세 박물관에 남아 있다. 이외에도 아레나 및 판테옹 인근의 포럼 문화를 통해 로마가 파리를 그들의 속국 도시로 발달시키려 했음을 확인할 수 있다. 로마의 식민지였던 파리는 클로비스왕 때인 5세기에 명칭에 어울리는 새로운 도시로 거듭났다.

시테 섬

파리는 로마 시대에 자리를 잡았지만 프랑스다운 '파리'로 거듭나기 위해 여러 개혁을 거쳤다. 클로비스왕은 508년 프랑크 왕국의 수도를 시테로 삼고 현재의 일 드 프랑스(Ile-de-France)지역을 파리라 칭했다. 시테섬은 센 강에 있는 면적 0.22㎢의 하중도[14]이다. 이처럼 시테는 센 강 위에 자리 잡은 작은 섬이라서 골족들은 주변에 성벽을 쌓고 섬과 센 강을 활용하여 이 지역을 교역의 중심지로 삼았다. 당시 왕국의 궁전이 자리를 잡았던 시

---

14) 하중도란 하천의 방향이나 폭이 변하는 지점에서 하천의 유속이 감소하면서 자갈이나 모래가 쌓여 형성된 퇴적 지형이다.

테는 정치적인 중심지의 역할을 했다. 9세기 바이킹이 침입하자 이들의 공격을 막기 위한 군사 요충지로 활용되기도 했으나 전투로 인해 성 외곽 지역이 초토화되면서 카페 왕조의 성립과 더불어 위그 카페가 987년 파리에 시테 궁[15]을 재건하며 프랑스 역사의 중심지로 거듭났다. 파리는 이 시기에 실재적으로 프랑스 수도의 역할을 했다고 할 수 있다. 앙리 4세를 비롯한 역대 왕들이 레쟁발리드, 군신의 광장, 샹젤리제 같은 광장들과 다양한 다리를 건설하면서 파리는 문화 중심의 도시로서 그 윤곽을 형성해나갔다. 13세기에는 노트르담 대성당 등 20개가 넘는 가톨릭 사원들이 세워져 명실공히 가톨릭 국가로서의 종교적 중심 도시의 기능도 담당했다.

하지만 파리가 지금처럼 방사형으로 뻗어 나갈 수 있도록 그 역할을 한 중요 인물은 나폴레옹 3세와 오스만 남작이다. 정비 이전 파리는 비뚤비뚤 뒤엉킨 비좁은 골목길로 온갖 오물들이 흘러나와 냄새가 진동했고 폭도들은 수시로 폭동을 일으킬 궁리를 하는 등 폭동 주도자들이 집회 장소나 은신처로 삼기에

개선문을 중심으로 뻗어나간 도로

안성맞춤인 상황이었다. 나폴레옹 3세가 파리를 개조하기로 결정한 가장 큰 이유는 이러한 파리의 상황을 개혁해야 한다는 의지와 함께 파리의 근대화와 주택 부족 현상으로 밀집된 환경에서 발생하는 위생의 문제 때문이었다. 런던에 체류하는 동안 경험한 도시의 체계성과 근대적인 설비에 감명을 받은 나폴레옹 3세는 파리도 영국처럼 계획적인 도시로 정비하고자 했다. 그래서 도로의 폭을 넓혀 개선문을 중심으로 도로가 뻗어 나가는 형태로 조성하였다. 파리는 프랑스의 수도이기 때문에 권력이나 민중의 힘이 이동하는 것을 통제해야 했다. 그래서 방사형의 도로망을 구성하여 모든 길이

15) 시테왕궁(Palais de la Cité)은 프랑스의 여러 '성(château)'과는 달리 성곽 안에 자리잡은 궁이 아니다. 현재는 파리 고등법원 건물로 쓰이는 시테왕궁에는 파리 최초의 시계탑과 로마 점령 시에 카이사르가 머물렀다는 세자르(카이사르)탑등이 있다.

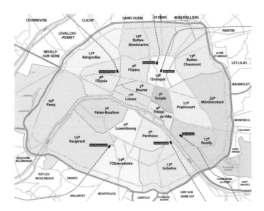
파리의 도로 및 20개 구역

주요 간선도로로 연결되고 도로가 다시 개선문 광장을 향해 방사형으로 모이도록 했다. 방사형 도시 구조는 중심부에 있느냐 주변부로 밀려나느냐에 따라 권력의 무게도 달라진다.[16] 그래서 나폴레옹 3세는 오스만으로 하여금 넓은 대로들을 건설하고 블로뉴 숲 등을 비롯한 파리의 공원들을 새롭게 조성하도록 하여 지금의 방사형 도시인 파리의 모습을 갖춰나갔다. 도시를 하나의 유기체로 보고 파리를 체계적으로 건설하고자 노력한 오스만은 기존 유럽의 도시들이 왕이나 군주의 권위 혹은 영광을 나타내기 위해 설계한 것과는 달리 도시 기반 시설에서 시작하여 도로 체계, 녹지 조성, 미관 관리, 도시 행정에 이르는 도시의 건설과 운영에 관련된 모든 것들을 고려하여 근대화된 파리를 창조하고자 했다.

오스만에 대한 평가는 후대에 엇갈리고 있다. 특히 당시에 오스만의 도시정비계획으로 문화재의 파손을 비판한 빅토르 위고는 오스만의 이러한 정책에 일침을 가하기도 했다. 하지만 오스만의 계획으로 파리는 정비된 모습을 이룰 수 있었다.[17] 오스만은 구도심의 길을 확장하고 신도시를 정리하였으며 파리에 계획적으로 건물을 건설하였고 좁은 길[18]로 인해 답답함을 느낄 시민들을 위해 광장을 만들었다. 파리는 1859년 6월 16일 법령에 따라 20개의 구로 나누어졌다. 시계방향으로 성벽을 따라 1부터 20구역까지 구역을 나누었다. 파리는 노틀담 성당을 중심으로 파리의 척추와 같은 문화적

16) 유현준, 『도시는 무엇으로 사는가?』 을유문화사, 2015.

17) 도시 정비 사업을 통해 전염병이 줄어들고 오스만이 계획하여 건설한 기능적인 건물들을 선호하는 파리 시민들로 인해 판매가 이루어지기도 했다. 파리는 기존의 건축물의 외형을 보존해야 한다는 법으로 인해 현재도 여전히 청회색 아연 지붕과 베이지색 벽으로 이루어진 건물들이 옛 파리의 흔적을 전해준다. 비슷한 형태로 일정하게 건설된 건축물들은 파리의 균형감을 드러내 주기도 한다.

18) 길을 일컫는 프랑스어 단어는 도시와 시골에 따라 다양하다. 도시만 살펴본다면 길가에 건물, 집 등이 접해 있는 길을 'rue(휘)'라고 하며 가로수가 있는 것이 기본이기는 하지만 가로수가 없더라도 좀 더 공간이 넓은 길을 'avenue(아브뉘)'라고 한다. 이보다는 넓고 가로수가 있기도 하지만 산책이나 슬렁슬렁 걸어 다닐 수 있는 길은 'boulevard(블르바르)', 옛날 길이라서 바닥이 돌로 된 나지막한 언덕길을 'chaussée(쇼세)', 상대적으로 아주 좁은 길을 'venelle(브넬)'이라고 한다. 길을 지칭하는 단어가 많다는 사실은 세월의 흐름에 따라 생성된 길들의 크기, 기능, 재료들이 다양함을 시사해준다.

간선도로[19]가 형성되어 점차적으로 과거를 품고 미래를 향해 확장되어 갔다.

오늘날 의견이 엇갈리는 부분도 있기는 하지만 오스만이 이룩한 유산을 기리려는 파리 시민들도 있다. 이들은 오스만의 유산을 공화국의 관점에서 평가하며 이시레물리노(Issy-les-Moulineaux)나 퓨토(Puteaux) 등 교외 지역에 그를 기리며 오스만 구역이란 명칭을 붙여 놓았다.

2 물을 활용한 도시

파리의 센 강

중세 말까지 시테는 파리 국가 권력의 중심지였다. 센 강을 중심으로 도시 구도가 좌·우로 나뉘었다. 이처럼 센 강은 파리라는 도시가 형성되고 발달하는 데 큰 역할을 담당했다. 옛날 루테치아의 중심축도 센 강이었다. 강을 통한 교통수단이 중요한 위치를 차지했기 때문이다. 센 강의 좌측은 라틴 구역을 형성하여 자유, 지성, 예술의 중심지 역할을 하였고 반대로 우측은 공연장이나 쇼핑센터가 세워져서 소비 지역의 이미지를 지니게 되었

---

19) 프랑스 파리의 시테섬 중앙에 세워진 노트르담 성당 앞의 '제로포엥(zéro point)은 성당 현관 앞에 일명 '정의의 저울'이라고 세워진 기둥 아래에서 죄인들이 무릎을 꿇고 자아비판을 하던 곳이었다. 이후 죄인들을 쇠사슬로 결박하면서 이 장소는 오랜 토론을 거쳐 1924년에 엄숙함 속에서 현재의 동판으로 대체되었다. 이 지점은 프랑스의 중심임을 상징하는 표시이기도 하다. 파리에서 다른 지역까지 거리를 재는 기준점이기도 하지만 현재는 여러 관광객들에게 이곳을 밟으며 시계 반대 방향으로 돌면 파리에 다시 올 수 있다는 소원을 비는 곳으로 유명하다.

다. 센강 주변에는 파리를 대표하는 많은 문화유적들이 자리를 잡고 있다. 센 강을 통해 파리는 식량과 생필품을 공급받았고 다양한 행사들이 개최되었다.

센 강에 건설된 여러 다리들은 파리 좌, 우측의 문화들을 서로 연결하는 통로가 되어 파리지엥들의 삶을 풍요롭게 했다. 오스만의 정비계획으로 1785년 다리 위에 지저분한 집들을 철거하는 것을 시작으로, 배의 운항이나 물의 흐름을 막는 모든 시설들이 제거되었다. 어지럽게 다리 위에 난립한 주택들을 정리하며 다리 주변 정리를 마치자 파리 시민들의 식수와 위생의 문제들이 해결되고 이후 여러 다리들이 건설되면서 파리는 생기가 돌기 시작했다. 센 강과 시테 섬을 이어주는 파리의 다리들은 제각각 여러 사연을 품고 있다. 파리의 다리들은 두 지역을 소통하도록 해주는 기능적인 특징 외에도 시대별로 독특한 건축 양식을 뽐내며 이후 이 다리와 함께 탄생한 문학 혹은 예술 작품들로 인해 더욱 빛을 발하고 있다. 파리에는 37개의 다리들이 센 강 위로 건설되었다. 파리의 여러 다리들을 순례하는 것만으로도 며칠을 잡아야 할 정도이다.[20] 화려하고, 우아한, 혁신적이거나 미래지향적인 다리들은 그 모습도 매우 다양하다. 그 가운데 특징적인 몇몇 다리들을 살펴보도록 하자.

파리에서 가장 유명한 다리는? 이런 질문을 받는다면 아마도 대부분 '퐁네프'나 '알렉상드르 3세 다리'라고 대답할 것이다. '퐁네프(Pont Neuf)'는 새로운 다리라는 뜻으로 앙리 3세가 센 강의 양쪽 지역을 연결하기 위해 건설한 다리이다. 명칭과는 정반대로 퐁네프는 새로운 다리가 아니라 파리에서 가장 오래된 다리이다. 중세의 모습을 간직한 다리로 1578년에 착공되었으나 종교전쟁으로 인해 잠시 공사가 중단되었다가 1608년 앙리 4세 때 완공되었다. 초기의 다리들이 목재로 건설되었던 것과는 달리 석조로 건설하여 당시 초밀집 지역이던 파리의 시민들이 교각에 집을 건설하지 못하도록

---

20) https://www.paris.fr/pages/paris-et-ses-ponts-toute-une-histoire-7466

했다. 다리는 기존 건축 양식과는 색다른 모습을 보여준다. 우선 반원형의 테라스가 군데군데 설치되어 시민들이 산책을 하다가 쉬어가도록 배려했다. 2007년 파리시에서 다리를 복원하여 여러 예술가들과 사진작가들이 예술 작품의 소재로 삼고 있다. 가장 유명한 작품으로 레오 까락스 감독이 제작한 '퐁네프의 연인들(Les Amants Du Pont–Neuf)'이라는 영화가 있다. 퐁네프에서 노숙하는 거리의 예술가 알렉스와 사랑을 잃고 거리를 방황하며 그림을 그리는 미셸의 애절한 사랑 이야기를 그린 영화이다. 퐁네프 다리는 영화 상영 이후로 연인들이 방문하여 서로의 사랑을 확인하며 사랑을 속삭이는 명소가 되었다.

퐁네프 다리

두 번째로 일명 예술의 다리로 불리는 '퐁데자르(Pont des arts)'이다. 이 다리는 나폴레옹 1세 통치하에 건설된 파리 최초의 철교로 보행자 전용 다리이다. 예전에는 해 질 무렵이면 이 다리 위로 거리의 음악가들이 몰려와 와인을 기울이며 서로의 음악 이야기를 나누고 자작곡을 거래했다. 퐁데자르는 1801년부터 4년에 걸쳐 건설되었으며 여러 문학가들이 사랑한 다리로 알려져 있다. 이런 문학적인 정서들이 담겨있어서일까? 요즘은 사랑을 맹세하는 연인들이 예술의 다리 난간에 자물쇠를 채워 놓는 곳으로 유명세를 타고 있다. 최근에는 엄청난 자물쇠의 무게로 인해 다리가 붕괴되는 사건이 발생하기도 했다.

알렉상드르 3세 다리

　다음으로 세계적으로 가장 화려한 다리로 손꼽히는 '알렉상드르 3세 (Pont Alexandre III)'다리를 들여다보자. 촛대 모양의 가로등과 조각품들로 화려하게 장식된 이 다리는 1900년 파리 만국박람회 당시에 다리 완공식이 열렸다. 러시아의 알렉산드르 3세의 아들인 니콜라이 2세가 다리의 초석을 놓았던 알렉상드르 3세 다리는 프랑스와 러시아의 정치적 · 외교적 결실의 역할을 상징하며 두 국가의 새로운 연합을 보여준다. 건축 당시 샹젤리제를 걸으면서 다리로 들어섰을 때 앵발리드를 바라볼 수 있도록 설계되어 파리의 아름다운 경관과 조화를 이루는 다리이다. 그래서 다리를 여러 각도에서 바라보면 그 화려함이 배가 된다. 19세기의 기술이 집약된 알렉상드르 3세 다리는 프랑스가 자랑하는 역사적인 기념물이며 최근에는 우디 알렌의 영화 '미드나잇 인 파리'에서 마지막 장면을 장식해 유명해진 다리이기도 하다.

　하지만 영화로 인해 가장 유명세를 탄 파리의 다리로는 '비라켕(비르 아켕, Pont de Bir-Hakeim)'다리를 들 수 있다. 이 다리는 광고, 텔레비전 드라마나 영화에 등장하여 사람들의 기억 속의 일부를 차지하고 있다. 완공 당시에는 주변의 지명과 연관 지어서 '파시(Passy)'다리로 불렸다. 이 명칭은 1942년 리비아의 사막에서 프랑스군이 독일 전차부대를 물리친 전투를 기념하기 위해 붙여진 것이다. 건축 양식 또한 독특함을 자랑한다. 장식과 조명이 조화를 이루는 철제 기둥으로 세워진 비라켕은 1, 2층으로 건설되었는데 2층으로는 전철이 달리고 1층은 자동차와 보행자를 위한 도로가 들어서 있다. 1972년에 개봉한 '파리에서의 마지막 탱고'와 2010년 '인셉션'에 등장한 다리로 영화를 사랑하는 팬이라면 한 번쯤 꼭 방문하고 싶어 하는 장소이기도 하다.

영화의 배경이나 소재가 된 파리의 다리들은 여럿이지만 문학작품의 제목이 된 다리는 흔치 않다. 그래서 '미라보(pont Mirabeau)'다리는 파리에서 가장 시적인 다리라는 별칭이 붙은 곳이기도 하다. 19세기 말에 완공된 미라보 다리에는 4개의 동상과 파리시의 공식 마크가 새겨져 있다. 프랑스의 유명한 시인인 기욤 아폴리네르(Guillaume Apollinaire)는 1921년『파리의 밤』이란 잡지의 창간호에 '미라보 다리'라는 시를 발표하며 사랑하던 여인과의 이별 후에 현실과 추억의 갈등 속에서 옛사랑을 잊지 못하는 시인 자신의 고뇌를 아름다운 언어로 승화시켰다. 시 속에 이루지 못한 사랑의 아픔과 추억을 반복적인 싯구로 표현하면서 서정적인 자아의 미묘한 갈등을 드러냈다. 끝없이 흐르는 센 강물의 무상함 속에 떨쳐버리지 못한 마음속 사랑을 한탄하는 현대적인 애가라 할 수 있다.

미라보 다리

Le Pont Mirabeau, Guillaume Apollinaire

Sous le pont Mirabeau coule la
Seine Et nos amours

미라보 다리 아래 세느 강이 흐르고

Faut−il qu'il m'en souvienne
La joie venait toujours après la
peine

우리들의 사랑도 흘러간다.
그러나 괴로움에 이어서 오는 기쁨을
나는 또한 기억하고 있나니,

Vienne la nuit sonne l'heure
Les jours s'en vont je demeure

밤이여 오라 종이여 울려라,
세월은 흘러가는데, 나는 이곳에 머무르네.

Les mains dans les mains restons
face à face

손에 손을 잡고서 얼굴을 마주 보자.

Tandis que sous
Le pont de nos bras passe
Des éternels regards l'onde si lasse

우리들의 팔 밑으로
미끄러운 물결의
영원한 눈길이 지나갈 때

Vienne la nuit sonne l'heure
Les jours s'en vont je demeure

밤이여 오라 종이여 울려라,
세월은 흘러가는데, 나는 이곳에 머무르네.

L'amour s'en va comme cette eau
courante

흐르는 강물처럼 사랑은 흘러간다.

L'amour s'en va
Comme la vie est lente
Et comme l'Espérance est violente

사랑은 흘러간다.
삶이 느리듯이
희망이 강렬하듯이

Vienne la nuit sonne l'heure
Les jours s'en vont je demeure

밤이여 오라 종이여 울려라,
세월은 흘러가는데, 나는 이곳에 머무르네.

Passent les jours et passent les
semaines

날이 가고 세월이 지나면

Ni temps passé
Ni les amours reviennent
Sous le pont Mirabeau coule la
Seine

가버린 시간도
사랑도 돌아오지 않고
미라보 다리 아래 세느 강만 흐른다.

Vienne la nuit sonne l'heure
Les jours s'en vont je demeure

밤이여 오라 종이여 울려라,
세월은 흘러가는데, 나는 이곳에 머무르네.

시몬 드 보부아르 인도교

　가장 최근에 건설된 다리에 대한 이야기도 빠질 수 없다. 바로 시몬드 보부아르 인도교(Passerelle Simone-de-Beauvoir)이다. 이 다리는 특이하게도 사람들만 오갈 수 있는 일명 여유로운 통행 다리이다. 2006년 센 강에 생긴 37번째 다리로서 건축가 디트마르 파이히팅거(Dietmar Feichtinger)가 설계를 맡아서 가장 최신의 건설 기술로 설립한 다리이며 베르시 공원과 프랑스 국립 미테랑 도서관으로 연결된다. 센 강에는 다리가 37개나 빼곡하게 들어서 있다. 다리에는 대부분 남성들의 이름이 붙여졌는데 37번째의 다리에만 여성의 이름을 따서 시몬 드 보부아르 다리라는 명칭이 붙었다. 프랑스는 여성의 인권이 강조되는 국가라고 생각했는데 다리의 명칭만 본다면 딱히 그렇지는 않은 듯하다.

3　에펠탑의 높이에 맞춰진 도시

　파리는 여전히 에펠탑이 한눈에 들어오는 도시로 유명하다. 건축 당시 전 세계에서 가장 높고 거대한 탑이었던 에펠탑은 프랑스인들만의 꿈은 아니었다. 이 탑은 인간의 꿈이 담긴 건축물이다. 높은 탑은 인간이 뛰어넘어야 하는 중력에 대한 저항을 상징하며 하늘에서 내려다보는 신에 대한 경배이기도 하다. 그래서일까? 파리는 새로운 건물이 에펠탑을 가리지 않도록,

어디서든 에펠탑이 보이도록 옛 도시의 모습을 그대로 유지하고 있다. 대체 에펠탑을 매일 바라보는 파리지앵들 그리고 이를 프랑스의 상징으로 여기는 프랑스인들에게 에펠탑은 어떤 의미를 담고 있는 걸까? 이런 의문들이 꼬리에 꼬리를 물고 이어진다.

에펠탑은 1889년 5월 15일 프랑스 대혁명 100주년 기념 파리만국박람회의 기념탑으로 건설되었다. 프랑스 정부는 만국박람회 기간 동안 관광객이나 국민이 관람할 수 있도록 공모를 통해 300미터에 달하는 철탑 설계안으로 에펠의 탑을 선정했다. 에펠은 사실 건축을 전공한 인물이 아니다. 에펠은 어린 시절 삼촌의 영향을 받아 화학과 수학의 실용적 가치를 배웠으며 파리로 이사한 후에도 학교 성적에 집착하는 대신 실용적인 것들에 관심을 보였다. 성인이 된 에펠은 고가교 건설에 탁월한 재능을 보였다. 그래서 프랑스 남부 트뤼에르를 가로지르는 162m의 아치교인 가라비 고가교(le Viaduc de Garabit)를 설계하며 연철 건축의 기초가 될 계산법을 탐구하였다. 청년 시절 에펠은 1855년 파리 만국박람회에서 바로(Alexis Barrault)가 철로 만든 '산업의 궁전'을 보고 감명 받은 후 철과 연관된 인생의 길로 접어들었다. 에펠은 연철 건축 계산법과 고가교 설계의 경험을 바탕으로 역사에 길이 남을 탑을 파리에 세운다. 그는 철만이 최고의 높이를 구가할 수 있는 재료라는 사실을 확신하여 여기에 상상력과 기술을 접목함으로써 당시 세계 최고의 높이를 자랑하는 탑을 세우게 된 것이다.

에펠탑

그렇다면 에펠이 건설한 철골 구조물인 에펠탑은 프랑스인들에게 어떤 의미와 상징성을 지니고 있을까? 에펠탑은 파리라는 도시를 강하고 특별한 도시로 만들어주었다. 에펠탑 건설에는 우리가 미처 파악하지 못한 정치적인 의도가 탑의 역사 속에 숨겨져 있다. 프랑스 정부는 만국박람회를 통해 산업과 기술에 탁월한 프랑스의 모습을 다른 국가, 특히 유럽에 과시하고자 했다. 그 뜻에 맞게 에펠탑은 1889년 만국박람회 당시 철강국으로서의 프랑스의 입지를 드높여줌으로써 전 세계에 프랑스의 막강한국력을 상징적으로 보여주었다. 높이 324m인 에펠탑은 밤낮을 가리지 않고 프랑스 파리를 스쳐 간 모든 이들의 기억 속에 새겨졌다. 파리는 현재까지도 7층 높이의 건물로 높이를 제한하고 있어서 어디서나 에펠탑이 한눈에 들어온다. 그러나 파리지앵들은 비단 강압적인 법적 조치로 인해 탑보다낮게 건설된 건물들을 참아내는 것은 아니다. 프랑스인들에게 에펠탑은 우리가 알고 있는 것보다 훨씬 더 깊은 의미를 담고 있다. 에펠탑은 건설 당시프랑스 혁명 100주년을 기념하여 파리가 다시 한 번 세계의 중심이 될 것이라는 열망을 탑 건설에 담았다. 이후 그 높이와 독특한 형태로 인해 파리 풍경에서 빠질 수 없는 명소가 되었고 최초로 파리 우편엽서에 등장하며 파리에서 가장 매혹적인 장소로 자리매김하고 있다. 에펠탑의 운명은 파리라는도시의 운명과 밀접하게 연관되어 있다. 프랑스의 수도이며 그 주인인 파리와 떼려야 뗄 수 없는 운명공동체 같은 존재이다.

에펠탑 건설의 의미는 이를 실현하기 위해 애쓴 엔지니어들을 통해 더욱빛났다. 사실 거대한 탑을 건설하려는 생각은 1876년 필라델피아 만국박람회 당시 미국의 엔지니어들에게서 비롯되었다. 하지만 이들은 필요한 재정을 확보하지 못해 꿈을 실현하지 못했다. 에펠탑은 에펠 회사에 소속된 두엔지니어들의 의지와 노력으로 1889년 파리에서 결국 결실을 본 것이다. 에펠탑 건설에는 여러 어려움이 도사리고 있었다. 당시 탑의 모습이 흉측하다며 반대하는 예술가들이 등장했기 때문이다. 그러자 에펠은 대중매체를 통해 에펠탑 건설의 필요성을 피력했다. 에펠은 1887년 2월 14일 프랑스 신문인 '르땅(Le Temps)'지에서 탑의 건설에 대한 자신의 생각을 밝혔다.[21] 엔지니어로서 자신이 건설한 탑에 대한 아름다움을 '바람을 견디는 강함'이라는새로운 관점으로 제시해주었다. 에펠은 탑에 대한 견해를 이렇게 서술했다.

---

21) https://gallica.bnf.fr/ark:/12148/bpt6k231310n/f2.texteImage

"미적인 능력에서는 예술가들이 훨씬 탁월하다. 예술가들의 판단이 무엇에 있는지 알고 싶다. 나의 탑은 한 번도 건설된 적이 없으며 이 탑이 존재하기 전에는 이것이 있으리라 말한 이도 없기 때문이다. [...] 대체 언제부터 기하학적인 도안에 대해 예술적 관점으로 기념물을 평가하고 있는 걸까? [...] 나는 나의 생각과 소망을 여러분에게 모두 밝힐 것이다. 나는 내 탑이 아름답다고 생각한다. [...] 건축 미학의 첫 번째 원칙은 기념물의 기본적인 선들이 그 목적에 완벽히 적합하도록 측정되는 것이다. [...] 지금껏 내가 이 탑을 디자인하는 데 있어서 가장 신경 쓰는 현상이 무엇이었을까? 그것은 바람의 저항이었다. 나는, 수학적인 계산이 알려주는 당연한 형태를 따르고 [...] 강함과 아름다움의 커다란 인상을 심어주게 될 이 기념물의 네 개의 모서리가 가진 곡선을, 결국 이것이 바라보는 이들의 눈에 묵직한 디자인 그 자체로 다가가도록 지켜내왔다."

1889년 5월 6일 만국박람회가 대중에게 문을 열자마자 에펠탑은 엄청난 성공을 거두었다. 아직 승강기가 작동하지 않는 탑에 오르기 위해 첫 주에만 28,922명의 관람객들이 걸어서 탑 꼭대기로 향했다. 에펠탑은 1930년 뉴욕에 크라이슬러 빌딩이 건설되기 전까지 41년간 전 세계에서 가장 높은 탑으로 명성을 날렸다. 걸작의 창작자인 프랑스의 정신은 돌로 된 건물들의 장엄함 속에서 화려하게 빛났다.

에펠탑에 대한 견해는 탑이 건설되던 시기뿐 아니라 건설된 이후에도 호불호로 갈렸다. 건설 당시에는 당대의 유명한 문학가들이 에펠탑 건설에 대한 비난을 쏟아냈다. 어떤 이들은 '온통 구멍 뚫린 거대한 기린'이라며 불만을 토로했다. 탑의 건설을 반대한 문학가들 가운데는 에밀 졸라, 기 드 모파상, 샤를 가르니에 등이 있다. 레옹 블루아 (Léon Bloy)는 '참으로 비극적인 가로등'으로, 모파상(Maupassant)은 '철 사다리의 높고 앙상한 피라미드, 거대하고 흉측한 해골'로 묘사했다. 그럼에도 불구하고 1887년 2월 14일자 '르땅'지에 등장한 캐리커쳐에는 에펠에 대한 위대함이 묻어난다.[22]

22) https://www.pariszigzag.fr/secret/histoire-insolite-paris/histoire-de-la-tour-eiffel

비난을 퍼붓는 사람들에게 에펠은 '새로움은 두려움을 몰고 오지만 프랑스인들은 곧 이 프로젝트의 이익을 깨닫게 될 것이며 [...] 파리는 거대한 것을 설립한 최초로 특별한 도시가 될 것'이라고 답했다. 에펠의 이러한 확신을 뒷받침하기라도 하듯 에펠탑은 여전히 파리에 우뚝 서서 프랑스를 상징하는 건축물로 위상을 드높이고 있다. 또한 에펠은 프랑스와 미국의 우정을 상징하는 '자유의 여신상'의 철골 구조물을 제작한 인물이기도 하다. 에펠탑이 프랑스의 강함을 보여주려 했다면 자유의 여신상은 에펠의 자유주의 사상을 간접적으로 표현한 작품이라고 할 수 있다. 에펠 내면에 담겨있던 자유주의 사상은 그가 에펠탑 1층에 새겨 넣은 72명의 인물들에서도 엿볼 수 있다. 에펠탑에는 당대의 프랑스 과학자·공학자·수학자 72명의 이름이 새겨져 있다. 에펠은 바닥에 서서 이들의 이름을 읽을 수 있도록 큰 글씨로 이름을 새겨 넣음으로써 에펠탑이 산업과 건설의 기술뿐 아니라 인류 정신의 힘을 드높이는 일종의 과학적 팡테옹의 역할을 하도록 구상했다. 에펠탑 건축 당시 반대하던 사람들의 생각을 비난이라도 하듯 세계 각국에 에펠탑과 동일한 형태의 탑들이 세워졌다. 대표적으로 미국의 라스베이거스에 세워진 에펠탑 이외에도 미국의 텍사스, 벨기에, 파키스탄, 멕시코, 루마니아, 중국, 인도까지 에펠탑의 가치는 전 세계로 퍼져나갔다.

1887년 2월 14일 Le temps지에 실린 에펠의 캐리커처

색이 변하는 에펠탑

에펠탑은 4개의 철각(鐵脚)으로 조립된 윗부분에 탑을 얹어 놓는 구조라서 철각을 지탱하기 위해 콘크리트로 기초를 다졌다. 탑의 본체는 강철이 아닌 연철(鍊鐵)로 건설되어서 녹 쓰는 것을 방지하기 위해 탑 표면에 페인트칠을 해야 한다. 초기에는 붉은색이 녹스는 것을 방지하는 데 효과가 있다고 생각한 에펠의 의견에 따라 붉은색으로 칠해졌다. 1892년에는 황적색으로, 1899년에는 전체를 노란색으로 칠하기도 했다. 현재는 주로 어두운 갈색 빛을 띠고 있다.

03 앵발리드의 금빛 돔

앵발리드

　앵발리드는 파리에서 가장 화려하게 보물처럼 빛나는 기념물이다. 바로크 양식의 황금빛 지붕은 푸른 하늘에서 350년 이상 금빛을 뽐내며 파리를 지키고 있다. 하지만 앵발리드(Invalide:상이용사, 불구자)라는 단어가 알려주듯 그 화려함 뒤로 가슴 아픈 사연들이 숨겨져 있다. 앵발리드는 전쟁 중 부상당한 군인들을 받던 앵발리드 호텔과 더불어 여러 시대에 걸쳐 세워진 건축물이다. 1670년 루이 14세는 엄청난 건축물의 건립을 지시한다. 이후 200년이 흐른 뒤 루이 필립은 이곳을 나폴레옹의 무덤으로 만들었다.

1 군인들의 영광을 위한 건축물

프랑스는 백년전쟁을 겪으면서 봉건 체제에서 절대주의 체제로 바뀌어 가며 왕권이 강화되었다. 봉건제 사회에서는 왕이 신하들과 권력을 나누었던 반면 16세기로 들어서면서 왕은 왕국의 유일한 주권자이며 절대 권력을 행사하는 존재로 자리 잡았다. 당시 법학자들은 법이란 왕의 의지를 표현한 것이라는 이론을 발전시키면서 왕의 절대권을 인정하기 시작하였고 그 결과 왕은 군인의 징집권도 절대적으로 왕권임을 천명하였다. 권력에는 책임과 의무가 따르는 법이다. 왕은 전쟁으로 인해 부상당한 상이군인들의 수용 문제를 해결해야 할 책임이 있었다. 이에 이들을 수용할 기관을 설립하기로 하였다. 루이 13세 당시 터무니없이 부족한 수용시설로 인해 상이군인들이 거리를 떠돌며 구걸을 일삼아 마치 파리의 걸인처럼 취급되었다. 루이 14세는 이를 해결하고자 1656년에 파리의 몇몇 자선단체가 운영하는 가난한 자들을 위한 시설을 합쳐서 일종의 종합병원을 세웠다.

망사르 동상

일명 태양왕으로 절대적인 군주의 세력을 뽐내던 루이 14세는 이후 1670년 루부아의 의견을 따라 명예로운 전쟁을 수행한 군인들을 위해 왕립 호텔을 건립하였다. 그곳은 상처를 입은 퇴역군인들과 부상병들을 간호하던 부상병 간호시설이었다. 궁정 건축가인 리베랄 브뤼앙(Libéral Bruant)이 설계를 맡아 건축을 시작하였지만 이후 노쇠한 브뤼앙을 대신하여 쥘 아르두앵 망사르(Jules Hardouin-Mansart)가 작업을 이어가 1679년에서야 완공했다. 망사르의 설계로 1679년부터 황금 장식의 돔이 갖춰진 앵발리드 궁정교회가 착공되어 1710년에 이르러 완공을 맞보았다. 하지만 안타깝게도 망사르는 화려한 건축물을 보지 못한 채 세상을 떠났다. 이 건축물은 앵발리드의 중심을 장식하는 프랑스 바로크 양식의 대표적인 건축물이다. 그리스형 십자가 모양으로 지어진 교회는 높이가 100여 미터에 이르는 황금빛의 찬란한 둥근 지붕을 자랑한다. 지붕의 금빛은 19세기에서부터 현재까지 황금으로 덧입혀 그 찬란함을 유지하고 있다.

앵발리드는 프랑스의 군사적 영광을 기리는 장소이다. 군사박물관, 세계 전쟁박물관, 3차원 지형도(군사용 지도) 박물관, 생루이 교회, 군인 묘지가 모여 있으며, 돔 교회의 정중앙에는 나폴레옹 황제의 관이 안치되어 있다. 하지만 나폴레옹 황제의 관이 안치되기까지는 우여곡절을 겪었다. 나폴레옹 보나파르트는 역사적 영웅인 튀렌 자작의 시신을 앵발리드 돔 교회로 안치하도록 하였는데 그 이후로 앵발리드는 영묘로 쓰이기 시작하였다. 1808년에는 루이 14세 시기의 명장인 보방(Vauban) 후작의 심장이 안치되기도 했다. 나폴레옹 안치 후 나폴레옹 1세의 여러 형제들과 제1차, 제2차 세계대전을 지휘한 장군들까지, 프랑스의 국가인 '라 마르세예즈'를 작곡한 군인 출신의 루제 드 릴(Rouget de Lisle)의 시신도 이곳으로 이장되어 현재는 나폴레옹 가족과 프랑스의 군사 관련 영웅들을 한 곳에 모아놓은 영묘로 사용되고 있다.

2 나폴레옹 영묘의 상징성

앵발리드 나폴레옹 영묘

1830년부터 왕으로 프랑스를 다스리던 루이 필립은 프랑스를 위해 매우 의미 있는 결정을 내렸다. 바로 나폴레옹 보나파르트의 유해를 세인트 헬레나 섬에서 옮겨오기로 한 것이다. 대신들도 이에 동의하면서 이 모든 일들이 진행되기 시작했다. 루이 필립은 혁명으로 인한 격변의 시기, 황제, 복원이라는 과정 이후로 국가적인 화합을 도모하고자 했다. 나폴레옹은 당시까지만 해도 프랑스인들에게 여전히 강력한 프랑스라는 인식을 상징적으로 보여주는 인물이었다.

코르시카섬의 하급 귀족 가문에서 출생하여 파리로 진출하여 프랑스 혁명 시기 유럽 전쟁에 참가하며 혁혁한 공을 세운 나폴레옹은 일개 포병 대

위에서 1년 뒤 준장까지 출세함으로써 그 명성을 알렸다. 그는 누구보다 뛰어난 기억력과 탁월한 전술가로 유명하다. 1799년에 쿠데타를 통해서 제1통령에 취임한 이후 5년 뒤인 35세에는 프랑스 원로원에 의해 황제가 되었다. 나폴레옹은 40세가 될 무렵에 영토 확장을 위해 침략적인 전쟁을 펼쳐 직접 전투를 지휘하며 전쟁에 승리함으로써 유럽의 대부분을 차지하였다. 나폴레옹이 스페인의 저항군과 투쟁하며 벌였던 전투는 당시 60세를 넘긴 스페인의 유명한 화가, 고

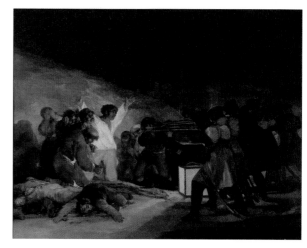

1808 5월 3일, 고야(Goya) 그림

야에게 영감을 주어 이를 소재로 한 최고의 걸작을 선보이기도 했다. 이는 나폴레옹의 시대가 프랑스뿐 아니라 유럽 전체에 문화와 상상력의 분야까지 그 힘을 행사했음을 보여주는 증거라 할 수 있다.

루이 필립

루이 필립은 프랑스의 영광을 회복하고자 베르사유 궁전을 복원하였다. 이와 더불어 그는 나폴레옹의 유해를 화려한 앵발리드로 옮기는 작업을 통해 '유해의 귀환'으로 시민들에게 옛 황제에 대한 추억을 불러일으켜 프랑스를 다시 새롭게 바라보도록 해주려 했다. 나폴레옹의 유해를 앵발리드 돔 교회로 안치하려는 시도는 비록 새로운 작업은 아니었으나 그 과정은 국가적으로 역사적인 순간이었다. 나폴레옹 보나파르트는 세인트 헬레나에서 숨을 거둔 이후 1840년 12월 15일 거국적인 국장과 함께 프랑스로 돌아와 1861년 4월 2일 앵발리드로 이장되어 교회의 주인공처럼 중후한 적갈색 관아래 안치되어 파리를 지키고 있다. 평소 나폴레옹이 바랐던 것처럼 그는 '그처럼 사랑하는 민중 한 가운데' 센 강 가에 안치된 것이다. 이로써 앵발리드는 루이 14세가 베르사유 궁전을 통해 구현하고자 했던 프랑스의 영광과 위엄을 드러내는 장소로 거듭났다.

나폴레옹 유해를 옮기는 작업은 루이 필립의 아들인 조앵빌 왕자가 담당했다. 그는 '라 벨 뿔(La belle Poule)'이라는 선박의 지휘관으로서 남대서양

에 위치한 세인트 헬레나 섬까지 길고 긴 여정을 지휘했다. 세 겹으로 감싼 나폴레옹의 관은 너무 무거워서 23명의 건장한 남성들이 관을 들고 상여 마차로 운반해야만 했다. 그동안 파리에서는 옛 황제를 맞이할 준비로 분주했다. 유해를 맞이하는 경축 행사는 엄청난 재정이 필요했을 뿐 아니라 수많은 노동자들의 인력이 필요한 작업이었다. 그들은 유해의 귀환을 위해 밤낮을 가리지 않고 행사를 준비했다. 금빛으로 장식된 동상과 기둥들이 행진할 길을 따라 세워졌다. 나폴레옹의 유해를 실은 선박이 1840년 11월 20일 드디어 쉘부르 항에 도착했다. 수많은 군중이 이 광경을 보기 위해 몰려들었다. 이후 파리까지 옮겨지는 여정 또한 쉽지 않았다. 개선문을 통해 파리에 입성한 유해는 매서운 겨울 날씨에도 불구하고 수많은 군중들의 환호 속에서 앵발리드로 이동했다. 모두들 '황제 만세!'(Vive l'Empereur!), 나폴레옹 만세!(Vive Napoléon!)'를 외쳤다. 루이 필립의 아들인 조앵빌이 유해를 앵발리드 안뜰로 가져가 "폐하, 제가 나폴레옹의 유해를 명령에 따라 충실히 프랑스로 옮겨왔음을 알려드립니다."라고 말하자 루이 필립 왕은 "내가 프랑스의 이름으로 유해를 받겠노라"라고 답했다. 행사는 종교적인 순서에 따라 추위 속에서 두 시간가량 진행되었다. 하지만 늘 그렇듯 행사를 반기지 않는 사람들도 있었다. 샤토브리앙은 나폴레옹이 파리의 오물 속에 안장되기 위해 왔다며 비난을 쏟아냈다.

나폴레옹의 유해가 안치된 교회는 1679년 완공되었지만 돔은 로베르 드 코트(Robert de Cotte)에 의해 1690년에 건축되었다. 내부 장식, 그림, 조각 등은 1706년에서야 제대로 정리되었다. 당시 107m에 달한 금빛 돔은 파리에서 가장 높은 기념물이었다. 멀리서도 금빛의 영롱함이 눈에 들어왔다. 어떤 이들은 루이 14세가 자신의 무덤을 그곳에 세우고자 했다고 주장한다. 루이 14세가 자신의 꿈을 이루지는 못했으나 루이 14세의 생각은 루이 필립에 이르러 나폴레옹이라는 옛 황제의 유해를 옮겨옴으로써 상징적으로 실현되었다. 앵발리드에는 지도자들의 납골당이라 일컬어지는 작은 지하 묘지도 있다. 현대로 들어오며 앵발리드는 절대군주, 황제, 그리고 프랑스 왕들의 영광을 누리려는 대통령들에게 매력적인 장소로 여겨졌다. 그래서 샤를 드골은 1958년에 총리가 된 후 엘리제궁의 대통령 집무실을 앵발리드로 옮기려 했으나 그 뜻을 이루지 못했다. 이후 샤를 드골 재단은 드골 기념관을 구상하여 제안함으로써 2004년 자크 시라크 대통령의 승인을 얻어 2008년 2월부터 앵발리드의 기념관에서 드골의 생애와 20세기 제5공화국의 역사를 다각도로 보여주고 있다. 이처럼 앵발리드는 과거에서 현재까지 나라를 수호하려고 자신의 목숨을 기꺼이 바친 군인들과 이들의 희생을 잊지 않은 지도자들의 마음이 더해져 그 찬란한 빛을 더욱 빛내고 있다. 마치 파리 하늘에서 반짝이는 둥근 돔처럼, 그들의 영광도 찬란히 빛나고 있다.

3 위대한 황제, 나폴레옹

"내 사전에 불가능이란 단어는 없다! ("«Impossible» n'est pas français.)" 라는 어록으로 유명한 프랑스의 위인 나폴레옹, 그의 삶은 프랑스의 격동기와 함께 프랑스가 유럽에서 가장 탁월한 국가임을 보여준 과정을 담고 있다. 나폴레옹은 프랑크 왕국의 아주 작은 섬인 코르시카에서 귀족으로 태어나 파리로 올라오지만 코르시카 방언으로 인해 동급생들의 놀림을 받으며 힘든 학창시절을 보냈다. 파리사관학교 생활에서 탁월한 군사적 재능을 연마한 나폴레옹은 프랑스 혁명 시기 벌어진 툴롱(Toulon) 전투에서 혁혁한 공을 세우며 이름을 날리기 시작했다. 시민혁명으로 인해 유럽 최초로 왕이 교수형을 당한 프랑스가 유럽에 영향을 미치는 것을 두려워한 주변국들은

툴롱 전투에서 프랑스 군대를 격파하려 하지만 나폴레옹의 전술로 프랑스는 승리를 거두고 이후 브뤼메르 18일의 쿠데타를 통해 군인의 신분이었던 나폴레옹은 정계로 들어서게 되었다. 후에 제1통령에서 1804년 프랑스 황제로 불리며 교황에 의해 나폴레옹 1세라는 이름으로 축성을 받았다. 자신감을 얻은 나폴레옹은 유럽 원정길에 오르지만 1814년부터 지속적인 패배를 맛보았

나폴레옹

다. 1814년 파리 조약으로 인해 프랑스는 그동안 확장했던 영토를 1792년의 국경으로 되돌려 놓으며 나폴레옹에게 왕위를 포기하도록 하고 루이 18세 왕에 의한 입헌 군주제를 권좌에 올려놓았다. 권력에서 밀려난 나폴레옹은 엘바섬으로 추방을 당하지만 다시 파리로 행진하여 100일 동안 권력을 누리는 100일 천하(1815년 3월 20일부터 6월 20일까지)를 이루었다가 1815년 워털루 전투에서 패함으로써 추방을 당한다. 하지만 나폴레옹은 한 때 유럽의 절반을 제패할 정도로 탁월한 전술을 지녔고 남다른 리더십을 소유했으며 교육, 종교, 문화, 법률 분야에서 프랑스의 초석을 남긴 인물이다. 나폴레옹이 남긴 또 하나의 어록은 그가 프랑스를 위해 얼마나 헌신했는가를 보여준다. 그는 "나의 영광은 마흔 번의 전쟁 승리가 아니라 내가 만든 법전이다."라는 말로 법치 국가의 틀을 잡으려 했던 그의 의지를 보여주었다.

Hôtel de ville

스트라스부르 오텔 드 빌(시청)

프랑스는 시청 건물에 '오텔 드 빌'이라 적혀있다. 프랑스어를 모르는 사람들은 'Hôtel'이라는 단어만 보고 그곳을 호텔로 착각하는 경우도 있다. 'hôtel'이라는 단어는 왕자의 거처를 지칭한다. 중세 시대에 도시에서 영주들의 권력이 급격히 감소하면서 최초의 오텔 드 빌이 건설되었다. 12세기에 영주나 왕이 명칭 사용권을 수여하였다. 당시에는 영주 대신 부르주아들이 도시를 경영했는데 부르주아들은 권력의 상징으로 시의회와 시장을 위한 궁전과 함께 망루도 건설하였다. 오텔 드 빌이라는 명칭은 프랑스에서 이동하는 왕과 왕자들에게 부르주아들이 거처를 제공하려는 따뜻한 마음에서 비롯되었다.

프랑스에서 시청을 지칭하는 '메리(mairie)'라는 단어가 등장한 것은 1789년 혁명 시기이다. 이후로 코뮌의 시장도 등장했다. 하지만 도시별로 명칭을 다르게 사용하기도 한다. 툴루즈에서는 '까삐돌(capitole)'로 보르도에서는 메종 드 쥐라(maison des jurats)로 표기한다. 프랑스의 다양성을 보여주는 부분이기도 하다.

04 예술작품으로 재탄생한 자연, 에트르타

에트르타 절벽

    가슴 벅찬 감동을 선사하는 자연경관, 이 광경을 본 사람들은 주체할 수 없는 감격을 자신들이 지닌 재능을 활용해 표현하려 한다. 그래서 사람들은 아름다운 장소를 발견하거나 방문하면 그 장소를 기억에 담거나 가슴에 품은 뒤 새로운 방식으로 다른 사람들에게 그 아름다움을 전한다. 일반인들보다 섬세한 예술가와 문학가들은 에트르타의 깎아지른 절벽을 마주하며 황홀한 자연경관을 혼자 품고 있을 수가 없었다. 그래서 이곳에서 느낀 벅찬 감동을 그림이나 소설로 표현하였다. 옹플뢰르 북쪽에 있는 에트르타는 센 강 어귀에 있는 르아브르(Le Havre)에서 동북쪽으로 약 32km 떨어진 영국 해협에 연한 노르망디의 센 마리팀(Seine-Maritime) 주의 코뮌이다. 에트르타(Étretat)라는 명칭은 1792년에서 1795년 사이에 등장한다. 에트르타

지역에서 바이킹의 배 드라카(drakkar)가 발견된 것으로 미루어 예전에 바이킹족에 의해 마을이 세워졌을 것으로 추측하고 있다. 이 지역을 처음 점령했던 바이킹들이 '원뿔'이라고 불렀던 단어가 변형되어 지금의 명칭이 탄생하였다. 11-16세기 사이에 노르망디 공작의 영토에 속했던 에트르타는 19세기 초까지만 해도 한적한 어촌마을이었다. 그러던 이곳이 세상에 그 모습을 알리게 된 계기는 아름다운 해안 풍경에 반한 예술가들의 솜씨 덕분이다.

알바트르 해안(Côte d'Albâtre)과 맞닿아 황홀한 광경을 연출하는 하얀 석회암 절벽. 에트르타는 그 어떤 언어로도 묘사할 수 없다. 일단 이곳을 처음 방문한 사람들은 '우와, 아'라는 감탄사만을 연발한다. 깎아 내린듯한 자연 그대로의 순수한 모습 앞에서 인간은 겸허해진다. 위고, 모파상, 르블랑, 플로베르 등 여러 작가들이 이곳에서 영감을 얻었다. 이뿐일까? 쿠르베, 부댕, 모네, 마티스를 비롯한 유명한 화가들도 그 어느 곳보다 독특한 광경을 연출하는 에트르타를 화폭에 담으려고 애를 썼다. 탁월한 자연경관이 어떻게 예술로 승화되었는지를 살펴보는 과정은 인간의 상상력이 자연을 통해 얼마나 다양한 방식으로 표현될 수 있는지를 보여주는 예라고 할 수 있다.

1 자연이 남긴 걸작, 에트르타

프랑스인들은 왜 에트르타의 경관에 감탄하는 것일까? 프랑스 옹플레르의 해안 도시인 에트르타에는 자갈이 1km 넘게 깔려있는 알바트르 해안을 사이에 두고 양옆으로 어마어마한 위용을 자랑하는 절벽이 가파르게 솟아 있다. 에트르타의 하얀 석회암 절벽은 페이 드 코(Pays de Caux)라는 백악기에 형성된 고원지대로 영국의 남쪽 해안으로 이어진다. 이 절벽은 오랜 세월 바람의 풍화작용과 파도의 침식으로 빚어진 신의 걸작품이다. 만포르트 절벽 (falaise mannerporto), 다발 절벽(falaise d'aval:하류 절벽), 다몽 절벽 (falaise d'amont:상류 절벽)이라는 세 개의 자연 아치와 높이가 70m에 달하는 에귀으(Aiguille), 즉 바늘이라 부르는 바늘모양의 바위로 유명하다. 다몽 절벽 위 꼭대기에는 아담한 '노트르담 드 라 가흐드'라는 교회가 세워져 있다. 어부들은 성모마리아가 자신들을 보호해주기를 간절히 바라는 마음으로 이곳에서 예배를 드린 후 고기잡이를 떠났다고 한다. 다발 절벽 쪽에는 마리 앙트와네트가 좋아한 굴을 채집하여 보관하던 곳이 보존되어 있다. 썰

노트르담 드 라 가흐드 성당

물로 물이 빠지면 암석에 파인 동굴, 일명 '투르 아 롬므(Trou à l'homme)'를 통해 근처 해변으로 나아갈 수도 있다. 약 3세기 전에 한 뱃사람이 난파를 당해 동굴에서 지내다가 죽은 채로 발견되어서 동굴에 이런 명칭이 붙여졌다고 전해져 내려오고 있다. 아담한 어촌마을이었던 에트르타. 아름다운 경관에도 불구하고 주목받지 못하던 이곳이 일반인들에게 알려지기 시작한 것은 1777년 '루이 16세'의 부인인 '마리 앙뚜와네트(Marie-Antoinette)'의 식탁에 이곳의 굴이 올라오면서부터이다. 이후 멋진 절벽을 감상하고 해수욕을 즐기려는 사람들이 속속 찾아들면서 유명세를 타기 시작했다. 그러다가 본격적으로 대중의 관심이 집중된 시기는 19세기 중엽 기자이자 소설가인 '알퐁스 까흐(Alphonse Karr)'덕분이다. 까흐의 말 한마디로 이곳은 사랑하는 사람들을 데리고 꼭 찾아보고 싶은 장소가 되었다. 현재는 프랑스에서 가장 많은 관광객이 방문하는 장소 중 하나로 꼽힌다.

에트르타는 자연 그대로의 모습도 하나의 작품처럼 아름답지만 이곳을 더욱 빛나게 한 계기는 이러한 자연경관에 어울리는 정원을 상상한 한 인물 덕분이다. 테보 부인은 프랑스의 여배우로 19세기 말 에트르타에서 여러 화가들과 작업을 함께 한 모네의 친구였으며 솔리만 술탄의 전설적인 부인의 역할을 연기한 인물로 유명하다. 1905년 그녀는 에트르타의 다몽 절벽에 정원을 세우기로 결심한다. 그래서 모네의 인상주의적 관점과 아방가르드적인 요소를 가미하여 획기적인 정원을 구상한 후

빌라 록슬란

첫 나무를 심고 빌라 록슬란(Villa Roxelane)이라 칭했다. 모네는 정원의 전반적인 분위기를 제안했다. 에트르타 정원의 주요 경관은 다몽 절벽 위에서 조화를 이루며 아름답게 펼쳐진다. 프랑스에 세워진 정원이지만 프랑스식, 영국식, 이탈리아식, 아시아와 여러 다른 동양의 정원 양식에 따라 구획을 나누어 구획마다 특색을 살려주는 식물들로 장식하였다. 2015년에 이르러 에트르타 정원은 알렉상드르 그리브코(Alexandre Grivko)와 한 몸이 되어 에트르타의 광활한 바다와 하나의 작품을 이루는 경이로운 풍경을 선보였다. 빌라 록슬란 정원의 자연적이며 역사적인 요소와 현대적인 아이디어가 어우러져 신미래적 비전이 잔잔하게 흘러넘치는 새로운 정원이 탄생한 것이다. 에트르타 정원은 식물과 자연환경을 활용한 실험적인 예술 실험실이라 할 수 있다. 이 정원은 생태계 식물의 다양성과 자연의 아름다움에 주목하여 조경이 예술로 거듭나는 새로운 건축 세계를 보여준다. 정원은 알바트르 해안의 절벽까지 넓게 조성되어 있어 유네스코 세계문화유산의 하나로 노르망디 지역의 빼어난 경관을 자랑한다.

2 시각적 영감의 원천, 에트르타

모네를 비롯한 들라크루아, 마티스 등의 화가들이 이 지역을 사랑한 이유는 에트르타 절벽 위에 직접 서서 바다를 바라본다면 그 누구라도 단번에 이해할 수 있을 것이다. 예술가들은 빼어난 자연경관을 자신들만의 독특한 시선으로 가슴에 담아 그 누구도

폭풍 후의 에트르타 절벽, 쿠르베 그림

흉내 낼 수 없는 특별한 예술작품으로 승화시켰다. '사실주의'화가인 쿠르베는 천둥이 친 후 붉은 노을이 잔잔하게 하늘에 드리워진 에트르타를 『폭풍 후의 에트르타 절벽(La Falaise d'Étretat après l'orage)』이라는 그림으로 선

보였다. 쿠르베는 멀리서 관찰한 에트르타의 풍경을 그렸는데 이런 기법은 기존 풍경화에서는 사용하지 않던 기술이었다. 붉은 기운이 감도는 하늘이 웅장한 절벽과 평화롭게 조화를 이룬 모습을 쿠르베만의 기법으로 완성했다. 그는 1870년대에 살롱전에 『폭풍 후의 에트르타 절벽』과 『폭풍우 치는 바다』라는 두 작품을 출품했는데 에트르타 절벽을 여러 기상 상태에서 다양한 시점으로 꼼꼼히 관찰하며 영감을 얻어 그림으로 승화시켰다. 이 작품은 파리의 오르세 미술관에서 감상할 수 있다. 쿠르베 이후에 등장한 인상주의 화가들도 에트르타의 절벽을 통해 많은 영감을 얻었다.

한국인들에게 가장 친근한 그림은 누가 뭐라 해도 고흐를 비롯한 인상파 화가들의 작품일 것이다. 인상파의 길을 열었던 화가로 모네를 들 수 있다. 빛의 강도나 방향에 따라 변화하는 모습을 세세히 관찰하여 사물을 다양한 시각과 색채로 새롭게 바라보도록 알려준 탁월한 화가가 바로 모네이다. 그런 모네의 마음을 사로잡은 곳이 바로 경이로운 광경을 연출하는 에트르타였다. 모네와 같은 인상주의 화가들은 특히 빛의 변화, 색채, 색조, 질감 등을 작가가 느끼는 주관대로 조절하며 스스로 바라본 풍경의 인상을 주관적인 감동과 함께 멋진 작품으로 승화시켰다. 에트르타는 인상파의 출발을 알린 모네의 그림으로 유명하다. 모네가 1874년 '르 아브르' 항구를 그린 역사적인 작품인 『해돋이: 인상(Impression, Soleil levant)』은 르아브르와 옹플뢰르의 앞바다를 배경으로 창작되었다.

해돋이:인상. 모네 그림

또한 모네는 흐린 날 뿌연 하늘과 바다의 분위기를 인상주의적 화법으로 작품에 담기도 했다. 르 아브르 출신인 모네는 발걸음만 옮기면 에트르타의 절벽이 보이는 해변으로 나갈 수 있었다. 모네는 젊은 시절의 복잡한 마음을 이곳에서 얻는 새로운 영감으로 달래곤 했다. 모네가 에트르타를 화폭에 담던 시기는 그의 생활이 재정적으로 궁핍한 시기였다. 모네는 그림이 잘 되지 않고 돈도 부족해 절망, 또 절망이라는 감정을 친구에게 전하기도 했다. 이처럼 무명의 화가였던 모네였지만 빛에 따라 변하는 에트르타 해변의 파도와 구름 그리고 절벽 사이로 갈라진 틈새들을 화폭에 담아 '빛은 곧 색채'라는 새로운 예술적 시선을 선보였다. 결국 모네는 겨울철에 에트르타에서 바라본 해돋이가 그에게 선사했던 '인상(impression)'을 화폭에 담아 당시에는 그 누구도 시도하지 못했던 새로운 예술의 세계를 보여줌으로써 인생의 전환점을 맞이하며 인상파라는 새로운 미술 장르의 문을 여는 유명세를 타게 되었다. 이렇듯 에트르타는 모네에게 행운을 안겨주는 장소였다. 모네 이외에 마티스도 자신의 작품 속에 다양한 에트르타의 모습을 담았다.

그림을 사랑하는 사람이라면 에트르타의 절벽 위로 난 계단을 올라가 계단 한쪽에 자리 잡고 앉아 바다에서 불어오는 시원한 바람에 몸을 맡기고 시선을 돌려 유명한 그림 속에 등장하는 장면들을 시선에 담아볼 것이다. 그러면 언젠가 스치듯 흘러 지나갔던 대가들의 그림이 머릿속에 떠올라 그 감흥을 두 배로 즐길 수 있다. 해변으로 내려가 보트가 정박해 있는 항구를 유유히 걷다 보면 어느새 누군가의 그림 속 주인공이 된 듯한 착각에 빠지게 될 것이다. 어쩌면 강렬한 태양과 부드러운 바닷바람이 은은한 붓 터치처럼 느껴져 온 세상이 한 폭의 그림으로 변하는 착각을 일으킬 수도 있다.

3 언어적 영감의 원천, 에트르타

모네의 시각적인 영감이 같은 시대를 살아가던 모파상에게 영향을 준 것일까? 모파상은 『여자의 일생(Une vie)』이라는 소설에서 에트르타의 절벽을 코끼리에 비유해 멋지게 묘사해주었다. 하지만 실제로 모네와 모파상은 평생 그리 자주 만나지는 않았다. 둘은 서로의 명성에도 불구하고 일반인들이 평가하듯 서로를 긍정적으로 평가하지는 않았다. 사교계를 썩 좋아하지 않던 두 사람은 1885년 에트르타에서 며칠간 만남을 가졌다. 이 만남을 통

모파상의 「여자의 일생」

해 모파상은 소설가의 촉각을 발휘하여 풍경화가가 그림을 그리듯 한 여성의 일생을 섬세하게 이야기로 풀어주었다. 우리는 모파상의 글솜씨를 통해 또 다른 풍경을 만나고 새로운 의미를 발견할 수 있다.

모파상은 『여자의 일생』에서 에트르타를 이렇게 묘사해주고 있다.

"그리고 앞쪽 저 멀리에는 괴상한 바위가 솟아 있었는데, 중간에 구멍이 훤히 뚫린 그 둥그스름한 바위는 물속에 코를 처박은 거대한 코끼리와 비슷한 형상이었다. 그것이 에트르타의 작은 관문이었다.〔…〕바닷속을 걷고 있는 절벽의 두 다리와도 흡사한 에트르타의 거대한 아케이드가 홀연히 눈앞에 나타났다. 선박이 드나들 수 있는 아치 구실을 할 만큼 높았다. 그리고 뾰족한 흰 바위 봉우리가 첫 번째 아케이드 앞에 우뚝 솟아 있었다."

이 부분은 모파상이 처음으로 쓴 소설인 『여자의 일생』에서 철없던 잔느가 쥘리엥 자작과 에트르타 해변을 걸으며 바라본 광경을 묘사해준다. 잔느가 쥘리엥과 데이트를 하며 간간이 눈에 들어온 멋진 풍경을 자신의 감정과 조화를 이루도록 멋지게 서술한 부분이다. 이 소설의 줄거리는 그 시대 여성의 삶을 대변해주기도 하지만 한 사람의 인생 (Une vie)이 어떠한가를 잔잔히 읊어준 것이라 할 수 있다. 순진한 잔느는 꿈에 부풀어 쥘리엥과 결혼을 하지만 그 결혼은 잔느가 상상했던 생활과 너무 달랐다. 불행한 결혼으로 인해 남편 쥘리엥 때문에 맘고생을 하던 잔느는 급기야 남편으로부터 버림을 받고 아들에게 소망을 두고 살아가지만 아들도 잔느를 힘들게 하자 결국은 손녀딸에게 모든 애정을 쏟으며 쓸쓸히 늙어간다는 내용을 담고 있다. 이 소설의 마지막에 하녀인 로잘리의 입을 빌려 한 사람의 인생이란 어떠한지를 한 문장으로 요약해준다.

"인생이란 사람들이 생각하는 것만큼 그렇게 좋은 것도 나쁜 것도 아니군요"[23]

---

23) 모파상, 『여자의 일생』, 이동렬역, 민음사, 350쪽

모리스 르블랑 생가

모파상의 소설 덕분에 에트르타의 절벽에는 원래의 명칭이 아닌 코끼리 가족의 명칭이 붙었다. 원래 만포르트 절벽, 다발 절벽, 다몽 절벽으로 불리던 곳이 모파상의 문학적 표현으로 인해 아빠, 엄마, 아기코끼리라는 애칭으로 불리고 있다. 실제로 이곳에서 절벽을 바라보면 코끼리가 코를 물에 담그고 있는 형상처럼 느껴진다. 모파상 이외에도 빅토르 위고나 프루스트 등의 소설가들도 그들의 작품에 에트르타의 흔적을 남겼다.

모파상 이후 에트르타를 가장 사랑했던 소설가는 아마도 모리스 르블랑일 것이다. 르블랑은 『괴도 뤼팽』시리즈로 유명한 소설가이다. 다양성을 추구하는 프랑스인들이지만 정통에서 벗어난 소설가 모리스 르블랑에 대한 평가는 모파상이나 빅토르 위고와는 달랐다. 소설가인 미셸 뷔시(Michel Bussi)는 르블랑에 대한 평가가 다른 작가들에 비해 절하되었음을 안타까워했다. 뷔시는 노르망디 지역에 플로베르나 모파상을 기리는 흔적은 많지만 루앙에서 탄생한 르블랑을 기념하는 다리나 고등학교 등이 없다며 르블랑이 전 세계에 미친 영향력을 실제로 그가 탄생한 곳에서는 소홀히 하고 있음을 비난했다.

에트르타는 『괴도 뤼팽』의 저자인 모리스 르블랑이 탄생한 곳이다. 다행히 '괴도 뤼팽의 집'은 당시의 모습 그대로를 유지하고 있다. 르블랑은 플로베르의 제자였던 모파상과 에트르타를 통해 인연을 맺기도 했다. 특히 일명 '바늘바위'로 일컬어지는 에귀으는 르블랑의 소설인 『기암성 L' Aiguille Creuse』의 실제 배경이 되면서 일반인들에게 재발견되었다. 사실 바늘바위는 1938년 등반가들이 정상에 프랑스 국기를 꽂은 이후로 프랑스 국민정신이 살아 숨 쉬는 곳이다. 이곳을 배경으로 르블랑은 마리 앙트와네트의 편지로 시작하는 『기암성』이라는 탁월한 추리 소설

에트르타의 바늘 바위

을 창작하였다. 이 소설은 1908년 11월 15일부터 1909년 5월 15일까지《주세투》에 연재되었으며 뤼팽 시르즈 가운데 문학적으로 가장 뛰어난 작품으로 평가받고 있다. 르블랑은 소설 속에 역사적, 자연적 요소들뿐 아니라 그의 상상력과 프랑스적인 가치나 프랑스인들의 탁월함 등을 모두 담았다.

르블랑은 『기암성』이라는 소설을 집필하기 훨씬 이전부터 이미 복잡하고 수수께끼 같은 내용을 구상하였다. 책 속에서는 다양한 인물들을 통해 여러 복선들이 정교하게 서로 맞물려가는 전개 방식을 사용하여 추리 소설의 묘미를 더해주었다. 특히 『기암성』은 주변의 풍광과 더불어 인물들이 보여주는 감정의 상태들을 섬세하게 묘사해준 대작으로 전 세계적으로 사랑을 받는 작품이다. 르블랑의 이런 탁월함은 작가이며 언론가인 조르주 부르동(Georges Bourdon)이 르블랑과 나눈 이야기를 통해 더욱 부각되었다. 그는 잠재의식 속에서 살아 숨 쉬는 르블랑의 재능을 알아봤다. [24] 이처럼 르블랑은 타고난 재능과 자유분방한 의식의 흐름 그리고 그 누구도 흉내 낼 수 없는 상상력으로 복잡한 관계와 스토리를 흥미진진하게 글로 표현하며 마치 실타래를 풀 듯 자연스럽게 추리를 해나갔다. 그래서 자크 드루아르(Jacques Derouard)[25] 교수는 르블랑의 문장들이 대중성을 뛰어넘어 대가들의 필체가 느껴지는 정통문학의 향기가 담겨있다고 평가하였다. 르블랑은 자신이 창조한 주인공 아르센 뤼팽과 맺은 인연을 이렇게 묘사한다.

괴도 뤼팽 시리즈

"그(뤼팽)는 어디든 나를 따라옵니다. 그는 내 그림자가 아니고 내가 그의 그림자입니다. 내가 글을 쓸 때 이 테이블에 앉는 사람은 바로 그입니다. 나는 그에게 복종합니다."

24) "한마디로 나도 모르는 사이에 내 잠재의식이 나를 자극하고 조종했다고 말할 수 있네. 실제로 특별하게 애를 쓴 것도 아닌데, 온갖 기이한 상황들과 기상천외한 인연들, 복잡다단한 사건들이 내 정신 속에서 제멋대로 얽히고설켰지. 그러고는 급기야, 정말 놀랍게도, 이상하리만치 수월하게 그 모든 매듭이 의미 있는 문장들로 풀려나가는 것이었어." (https://m.blog.naver.com/PostView.naver?isHttpsRedirect=true&blogId=estgem&logNo=221473793921참조)
25) 모리스 르블랑 자서전을 집필한 작가겸 교수

르블랑이 글을 쓰는 것인지 아니면 잠재의식 속에 숨어있는 뤼팽이 복잡한 추리들을 풀어가는 것인지 알 수 없으나 르블랑의 추리 소설은 영국인들이 자랑하는 셜록 홈즈에 대항할 프랑스적인 멋이 깃든 대작이라 할 수 있다.

05 프랑스 혁명 이전 역사 이야기

잔다르크 동상, 파리

    프랑스어로 '역사(Histoire)'는 고대 그리스어인 'historia'에서 비롯되었다. '히스토리아'의 뜻은 '탐구'나 '탐구로 얻은 지식'을 의미한다. 서양에서 역사는 무엇인가를 탐구하여 찾는 측면이 강한 듯 하다. 그래서 서양 역사학의 아버지라 일컬어지는 헤로도투스는 그의 저서 '히스토리아'에서 사람들 사이에서 일어났던 일들이 시간에 의해 지워지지 않도록 하고, 그 엄청나고 놀라운 일들이 알려지지 않은 채 묻히지 않도록 책을 쓴다고 밝히고 있다. 헤로도투스는 이처럼 '히스토리아' 저술의 의의를 밝히며 그 시대 일어난 사건의 원인을 다양한 시각과 방식으로 탐구하여 기술하였다. 그렇다면 한국인들이 일반적으로 생각하는 역사란 무엇일까? 네이버 사전을 살펴보니 '역사'를 '인류 사회의 변천과 흥망의 과정. 또는 그 기록'이라고 정의한다. 두 관점 모두를 아우르는 프랑스 역사의 기술은 인류라는 단어 대신 프랑스라는 단어를 넣어 '프랑스 사회의 변천과 흥망의 과정을 탐구하여 얻은 지식을 기록'해보는 것으로 대략 정리해볼 수 있을 것이다. 역사는 완전히 사실만 객관적으로 기술할 수는 없다. 기록하는 이들의 주관성이 묻어날 수밖에 없기 때문이다. 그래서 우리가 서술하는 역사 이야기에서도 우리의 시선이 담겨있다. 우리는 프랑스 문화의 이해를 위해 기초가 되는 주요 사건이나 인물들을 중심으로 풀어가려고 한다. 우선 프랑스 혁명 이전의 주요 역사 이야기부터 시작해보도록 하자.

1 클로비스 1세 (Clovis 1ᵉʳ)

프랑스의 원조는 골족이지만 프랑스라는 명칭은 486년 프랑크족의 왕인 클로비스 1세(Clovis 1ᵉʳ)가 갈리아 지방을 정복하면서 본격적으로 시작되었다. 프랑스라는 명칭은 프랑크 지역을 의미하는 '프랑시아(Francia)'에서 왔다. 당시 로마인들은 프랑크족을 긴 머리의 야만족으로 취급하며 멸시했다. 하지만 354년 로마 북쪽 국경이 무너지자 현재 네덜란드, 독일, 벨기에 지역을 프랑크족들에게 내주었다. 그래서 프랑크족은 국경 지역에 거주하며 외부의 침입을 막는 완충 역할을 했다. 그 결과 다양한 프랑크족들이 갈리아를 점령한 로마의 뒤를 이어가게 되었다. 클로비스는 게르만어로 '위대한 전사'라는 뜻이다. 그런데 그는 이름에 걸맞는 타고난 전사였다. 프

클로비스왕의 세례 동상, 랭스

랑크족의 한 지파였던 클로비스는 여러 프랑크족을 통합하며 영토를 넓혀나갔다. 끊임없는 정복 전쟁을 통해 서유럽 지역에서 세력을 확장하여 481년에는 갈리아 북부지역까지 정복하였다. 이후 여러 게르만족들과 전쟁을 치르며 로마가 다스리던 갈리아 지역 대부분을 차지했다. 그는 부루군트 왕국의 공주였던 아내로 인해 알라마니족과의 싸움 이후 개종하여 기독교를 믿었다. 오늘날 정신적 문화적 공동체로서 유럽 세계는 이 프랑크 왕국으로부터 처음 유래

했다고 해도 과언이 아니다. 때문에 클로비스는 프랑스 역사뿐 아니라 유럽 역사에서 중요한 인물로 평가된다. 프랑크족의 왕, 프랑스 최초의 왕, 그리고 최초의 기독교 왕이기 때문이다.

2 샤를마뉴 대제 (Charlemagne)

샤를마뉴는 프랑크 왕국 2대 왕으로 프랑스와 독일 군주의 시초이며 로마제국 이후로 서유럽을 최초로 정복하여 서로마 황제 대관을 받은 인물이다. 한국에서는 카롤루스 대제로도 알려져 있다. 샤를마뉴는 프랑크 왕국을 확장시켰을 뿐 아니라 진정한 황제로 인정받기 위해 예술, 종교, 문화를 발전시켜 유럽 정체성의 발판을 마련했다. 프랑크 왕국을 위협하던 사라센과 전쟁을 일으켜 패배를 겪기도 했으나 이후 이베리아반

샤를마뉴대제 동상, 파리

도의 사라센인들을 격퇴시켜 승리를 거둔 인물이다. 문화에 관심이 많았던 샤를마뉴는 궁정을 정치뿐 아니라 문화의 중심지로 삼고자 여러 학자들을 초대하여 저술 활동을 장려하고 왕실 도서관을 설립하여 탁월한 작품을 소장하도록 지시하였으며 라틴어와 라틴문학을 통해 올바른 교육을 전파하고자 노력했다. 프랑스가 문화 강대국이 될 수 있었던 첫 문을 연 대제라 할 수 있다. 그는 프랑크족의 전통의상을 주로 착용할 정도로 그 문화에 대해 자부심이 대단했다.

3 잔다르크 (Jeanne d'Arc)

잔다르크는 프랑스와 당시 잉글랜드였던 영국과의 백년전쟁 중에 혜성처럼 등장한 인물이다. 백년전쟁은 말 그대로 100년 동안 전쟁이 진행되었음을 의미한다. 필립 4세는 왕권을 강화하려는 목적으로 교황을 아비뇽에 유폐시키고 딸 이자벨을 영국의 에드워드 2세와 혼인시켰다. 이런 일련의

오를레앙 잔다르크 기념비

사건들은 프랑스와 영국 간에 백년전쟁(1340−1453)의 불씨가 되고 프랑스는 정치적, 경제적 지배권을 차지하기 위해 영국과 전쟁을 벌였다. 하지만 중간중간 다양한 이유로 인해 휴전 기간을 갖기도 했다. 프랑스 영토에서 영국군들의 공격으로 전투가 이루어졌음에도 불구하고 프랑스는 여러 가지로 어려움을 겪었다. 세월이 흐르며 에드워드 3세는 플랑드르를 요구하며 프랑스를 다시 침공하였고 당시 프랑스 국왕은 프와티에(Poitiers)에서 영국군의 포로로 붙잡혔다. 경제적으로 영국에 의존하던 플랑드르의 도시들은 1340년 어쩔 수 없이 에드워드 3세를 프랑스 왕으로 인정했다. 전쟁이 막바지로 치달을 즈음인 1415년 영국의 헨리 5세가 다시 전쟁을 일으켜 프랑스의 샤를 6세를 대파하자 1420년 결국 트로이(Troyes)조약으로 헨리 5세가 프랑스를 섭정한다. 샤를 6세의 아들이었던 샤를 7세는 형들이 잇달아 사망함으로써 14세의 나이에 프랑스의 제1왕위 계승자인 도팽의 자리에 올랐다. 그런데 샤를 6세의 아들인 샤를 7세를 지지하는 자들이 점차 모여들자 샤를 7세는 루아르강 이남으로 피신하여 왕으로 등극하게 되었다.

이런 전쟁의 와중에 동레미에서 탄생하여 양을 치던 한 소녀는 13세가 되던 1428년 프랑스를 구하라는 초자연적인 음성을 듣고 당시 도팽이었던 샤를 7세를 찾아간다. 잔다르크는 샤를 7세의 테스트를 받고 신임을 얻어 갑옷, 말, 칼과 프랑스 왕가의 문장이 수놓아진 군기를 하사받는다. 이후 잔다르크는 프랑스군을 이끌며 사기를 끌어올려 오를레앙에서 큰 승리를 거두고 대부분의 전투를 승리로 이끈다. 샤를 7세는 백성들의 지지를 받는 잔 다르크를 이용하여 랭스(Reims)성당에서 국왕으로서 대관식을 치른다. 잔다르크는 1430년 콩피에뉴(Compiegne)를 구하기 위해 출정하여 마리니에 있는 부르고뉴군과 격전을 벌이다 포로가 되어 엄청난 액수의 몸값을 받고 영국군에게 넘겨진다. 하지만 왕좌에 오른 샤를 7세는 그녀를 방치하고 잔다르크는 종교 재판에서 모두가 놀랄만한 논리성을 발휘하며 스스로를 변호하였음에도 불구하고 종

생바르텔레미학살 다음날 개신교도들의 시신을 바라보는 카트린 드 메디치, 에두아르 드바(Édouard Debat)작품, Wikimedia Commons 참조

교 지도자들은 그녀에게 화형을 선고한다. 어린 나이에 나라를 구하려고 자신을 던진 잔다르크는 1431년 5월 30일 루앙(Rouen)에서 군중들이 지켜보는 가운데 장대에 밧줄로 묶여 활활 타는 불 속으로 사라진다.

잔다르크는 잉글랜드군에게 붙잡혀 마녀재판을 받을 당시 자신의 경험담을 다음과 같이 진술했다.

"13세 때 동레미에 있는 아버지 집 정원에서 나는 어떤 목소리를 들었다. 그것은 성당이 있는 오른쪽에서 굉장한 광휘에 휩싸여 내 쪽으로 오고 있었다. 맨 처음에는 겁을 먹었으나, 나는 곧 그것이 여태껏 내 주위에서 나를 따라다니며 지시를 내려주던 천사의 목소리임을 깨달았다. 그는 성 미카엘이었다. 나는 성녀 가타리나와 성녀 마르가리타 역시 보았는데, 그들은 나에게 말을 걸고 훈계하며 내가 취할 행동을 알려주었다. 나는 어느 것이 어떤 성인의 말인지 쉽사리 분간해낼 수 있었다. 항상 그런 것은 아니었지만, 대개의 경우 그들은 광휘를 동반하고 있었다. 그들의 목소리는 친절하고 다정했다. 그들은 사람의 모습으로 내 눈앞에 나타났다. 나는 그들을 눈으로 똑똑히 보았고, 지금도 그들을 보고 있다."[26]

이후 교황 칼리스투스 3세(Callistus III)는 새로운 조사 위원회를 세워 잔다르크의 화형 판결을 무효화하는 선언을 발표하여 그녀의 명예를 회복시켰다. 잔다르크는 현재 프랑스 제2의 수호성인으로 추대되고 있다.

4 생 바르텔레미의 학살
(Le Massacre de la Saint-Barthélemy)

프랑스의 역사 속에서는 혼인과 관련된 갈등이나 종교적인 문제가 이슈

---

26) 위키피디아 참조

베르사유궁전 정문의 태양왕 상징

가 되어 분열을 일으키는 경우가 다반사다. 생바르테레미의 학살도 명칭에서 알 수 있듯이 재판과정을 거쳐 정당한 판결을 받고 처단된 것이 아니라 순식간에 폭동이 일어나 학살로 이어지면서 프랑스에서 기초가 되는 중요한 가치를 세우는 계기가 되었음을 알 수 있다. 이 학살의 발단은 발루아 왕조의 마르그리트 공주와 앙리 드 나바르(앙리 4세)간의 정략결혼에서 비롯되었다. 카트린 여왕은 형식적으로 위그노[27)와 발루아 왕조의 화평을 위한다는 명목으로 딸을 신교도인 앙리와 혼인 시키려지만 그들의 결혼은 처음부터 삐걱거렸다. 앙리를 신교도로 철저히 교육한 어머니 잔 달레브는 마르그리트와의 결혼식에 참석하기 위해 파리로 왔다가 의문사를 당한다. 이 죽음에 대해 여러 의혹들이 제기되었음에도 불구하고 카트린 여왕은 결혼식을 예정대로 진행하려 했다. 그래서 1572년 8월 앙리 드 나바르는 자신을 호위하는 800명의 신교도들과 함께 파리로 올라와 결혼식에 참석하는데 당시 위그노인 콜리니 제독과 친분이 돈독한 아들 샤를 9세를 못마땅하게 여긴 카트린 여왕은 기즈가와 손을 잡고 콜리니 제독을 살해함으로써 위그노 학살의 불씨를 제공했다. 사실 기즈가는 신교도들 가운데 핵심 인물들만을 살해하려 했으나 이 계획은 의도와 달리 걷잡을 수 없는 학살로 번져나갔다. 1572년 8월 24일 샤를 9세는 기즈가의 압력과 여러 세력에 못 이겨 콜리니와 위그노 지도자들을 숙청하라는 명을 내렸다. 그러자 구교를 신봉하는 파리 시민들이 거리로 몰려나와 위그노들을 무차별 살해하며 상상을 초월한 학살이 이루어졌다. 결국 결혼식을 위해 파리로 왔던 앙리 드 나바르도 감금되어 구교로 개종할 것을 강요받아 개종까지 하지만 마르그리트 공주와 카트린 여왕의 도움으로 탈출하여 신교도의 수장으로 활동하며 구교에 맞서게 되었다. 이 사건은 프랑스인들에게 많은 생각을 던져주었다. 구교와 신교라는 종교적인 문제로 불거진 갈등이 초래한 결과들을 보며 프랑스인들은 서로를 용납하는 톨레랑스라는 중요한 가치를 세우게 된다.

---

27) 위그노란 프랑스 내의 신교파를 일컫는 명칭이다

5 루이 14세 (Louis XIV)

'짐이 곧 국가다(L'Etat, c'est moi)'라는 명언으로 유명한 루이 14세. 왕정 시대를 거치며 수많은 왕들이 거쳐 간 프랑스지만 루이 14세의 흔적은 유난히 도시 곳곳에 많이 남아 있다. 절대 왕정을 행사한 왕이었지만 그로 인해 프랑스가 문화적인 명성을 지닐 수 있는 발판을 마련하였고 화려한 궁전과 기념물들이 남아 현재도 프랑스의 관광명소로 사랑받고 있다. 루이 14세는 엄격한 아버지인 루이 13세의 갑작스러운 죽음 이후 프랑스에서 귀족들이 일으킨 최후의 난이었던 프롱드 난으로 인해 어머니, 남동생과 함께 파리를 떠나 오랫동안 피난 생활을 이어갔다. 1661년 실재적으로 국사를 담당하던 수상 쥘 마자랭이 사망하자 그는 본격적으로 국사에 뛰어들어 귀족들이 왕권에 대항했던 프롱드난에서 교훈을 얻어 자신의 권력을 강화해 나갔다. 그래서 나라와 사생활 모두 자신을 중심으로 돌아가도록 그야말로 태양계를 이루는 태양왕(Roi-Soleil)이 되고자 했다. 예술 분야에 대한 관심도 뛰어나서 마치 한 편의 연극을 쥐고 흔드는 무대의 주인공처럼 모든 것을 자신이 주관했다. 그는 어린 시절 파리를 떠났던 트라우마로 인해 파리보다는 베르사유를 선호했다. 당시 재무 장관이었던 니콜라 푸케의 화려한 정원을 보고 왕의 권위가 귀족보다 우위에 있음을 보여주려고 더 화려한 새 궁전을 베르사유에 건설하도록 지시했다. 그래서 수많은 인부와 말들을 동원하여 24년에 걸쳐 베르사유 궁전을 화려하게 세웠고 귀족들의 세력을 휘어잡으려고 귀족들을 서로 경쟁 구도로 놓아 분열시키고 왕과 함께 앉을 수 있는 사람들을 의자의 종류로 제한하며 프랑스에서 그 어느 때보다 강력한 절대 왕정을 행사했다. 욕심이 많았던 탓이었을까? 루이 14세는 식탐도 대단했다. 연회 때마다 폭식을 일삼으며 포크가 도입된 시기임에도 불구하고 손으로 음식을 마구 집어 먹는 모습을 보이기도 했다. 강력한 권력을 행사하며 사치스러운 생활을 영위하느라 평민들의 삶에 대해서는 무관심했다. 그가 행사한 절대 권력은 결국 프랑스에서 왕이 사라지는 빌미를 제공했다.

새로운 콘텐츠의 탄생

1. 잔다르크를 따라 걷는 길

프랑스에서 잔다르크의 흔적을 찾아보는 활동은 새로운 흥미를 자아낸다.
그녀가 태어난 동레미와 샤를 7세를 만난 시농성(Château de Chinon), 잔다르크를 반기
던 오를레앙(Orléans)을 거쳐 샤를 7세의 대관식을 도와주었던 랭스성당(Cathédrale de
reims)까지, 예전에 성벽이 있던 자리이
며 현재는 잔다르크 성당이 있는 곳을 거
쳐 그녀가 화형을 당한 옛 시장터인 루앙
(Rouen)의 광장(Place du vieux marché)
까지, 나라를 위해 온몸을 불사른 한 젊은
처녀의 삶을 되짚어보는 과정은 무언가 가
슴 뭉클한 감동을 선사한다.

잔다르크의 여정(동레미에서 루앙까지)

2. 저술 현장에서 책 읽기

루이 14세는 강력한 군주체제를 강조하며 자신이 귀족들보다 위대함을 보여주기 위해 그
누구도 흉내 낼 수 없는 멋진 궁전을 짓도록 했다. 그것이 바로 베르사유궁전이다. 루이 13세
가 사냥할 때 머무르던 별장을 개조하여 증축함으로써 화려한 궁전을 새롭게 선보였다. 하
지만 프랑스 혁명이 일어나자 당시 왕이었던 루이 16세는 베르사유궁전에서 쫓겨나 파리로
가야만 했다. 이후 왕이 사라진 베르사유궁전은 우여곡절 끝에 수많은 관광객들에게 감탄을
자아내는 장소로 거듭났다. 베르사유궁전에는 여러 개의 방들이 있지만 그중에서 가장 호화
롭고 화려한 곳은 앞뒤로 정원이 한눈에 들어오는 '거울의 방'이다.

당시 귀중한 물건에 속했던 거울을 회랑
가득 설치한 '거울의 방'은 왕의 권력뿐 아
니라 경제적인 번영을 상징했다. 거울의 방
에서 내려다보는 정원 또한 빼놓을 수 없
는 매력 중 하나이다. 정원은 궁전 중앙부
의 '루이 14세의 방'에서 뻗은 중심축을 중
심으로 세 개의 큰 통로와 안뜰, 광장으로
나뉜다. 이는 강력한 왕권을 시각화하려는
의도였다고 한다.

베르사유 궁전의 거울의 방

이런 멋진 장소에서 현장을 묘사한 소설을 읽거나 핸드폰으로 영화를 감상한다면 묘사된
장소들을 오감으로 느낄 수 있어서 마치 3D 기술이 접목된 예술품을 대하는 듯할 것이다.
루이 14세 당시, 정원은 산책을 하는 장소뿐 아니라 정치적 교류의 장소였다.
그래서 그는 '베르사유 정원을 보여주는 법(Manière de montrer le jardin de Versailles)'이
라는 정원 안내서를 직접 작성하여 정원을 둘러보도록 했다. 베르사유궁전을 소재로 한 소
설이나 영화들을 찾아 들고 베르사유궁전을 방문해보면 좋을 듯하다.

06 프랑스 혁명 그 이후

프랑스 만세

　요즘은 전 세계인들이 OTT 서비스[28]로 연결되어 자국의 문화뿐 아니라 전 세계의 문화를 간접적으로 체험한다. 프랑스 역사의 여러 사건들 중에서 당시 민중들의 갈등이 가장 극단적으로 표현된 사건은 아마도 프랑스 혁명일 것이다. 프랑스 대혁명은 프랑스뿐 아니라 전 세계의 역사에 새로운 가치를 일깨워준 사건이다. 하지만 당시를 살아갔던 사람들에게 혁명은 너무나 힘든 고통의 시간이었다. 역사적인 사실들은 어떻게 바라보느냐에 따라 콘텐츠가 무궁무진한 보물과도 같다. OTT 시대에 세계사의 한 획을 그은 혁명과 그 이후 프랑스의 변화는 우리가 상상할 수 없는 풍부한 콘텐츠들을 떠올려줄 것이다.

---

28) OTT 서비스(영어: over-the-top media service)는 인터넷을 통해 방송 프로그램·영화·교육 등 각종 미디어 콘텐츠를 제공하는 서비스를 말한다. OTT는 over-the-top의 줄임말로 over-the-x는 '기존의 범위를 넘어서'라는 뜻이 있다 (출처: 위키백과)

61

1 프랑스 혁명 (La révolution française)

프랑스 혁명은 1789년 7월 14일 바스티유 감옥을 습격한 사건으로 발발하여 1794년 7월 28일까지 진행된 혁명을 의미하며 시민 혁명 가운데 가장 의미 깊은 혁명이라 할 수 있다. 프랑스 내부에서는 재정적인 어려움을 가중시키는 왕들의 사치와 이들과 연합하여 권력을

민중을 이끄는 자유의 여신, 들라크루아

유지하려는 구체제의 귀족들로 인한 문제가 폭발한 것이지만 외부적으로는 나폴레옹이 혁혁한 공을 세운 전쟁의 여파로 미국 등에 영향을 미쳐 독립운동 등 자유를 갈망하는 시민 혁명에 불을 붙인 사건이다.

앙시엥 레짐 신분

프랑스는 스페인과 미국의 전쟁에 참여하며 재정을 낭비함으로써 절대 왕정을 행사하던 루이 14세 말기에 이르러 재정이 위기 상황에 처하게 되었다. 경제적으로는 차츰 농산물과 공업 분야에서 부르주아들의 이해와 대립하는 봉건적 귀족들의 움직임 그리고 상인 세력을 약화시키려는 움직임들이 일어났다. 한편 절대 왕권을 제도적으로 유지할 수 있도록 뒷받침해준 귀족들이 재정적으로 힘든 상황에 이르자 이를 충당하기 위해 농민들을 더욱 착취했다. 사상적으로는 루소와 볼테르 같은 지식인들의 영향으로 특권층으로 인한 불평등한 사회체제에 항거하려는 움직임이 팽배해졌다. 이와 같은 여러 요인들로 인해 잠재되어 있던 혁명의 불씨는 루이 16세에 이르러 화마로 변했다.

재정의 적자는 루이 14세부터 시작되었다. 강력한 왕권을 행사하며 화려한 생활을 유지하던 루이 14세는 엄청난 부채를 아들인 루이 15세에게 남기고 사망했다. 하지만 루이 15세 역시 이를 감당하지 못한 채 루이 16세에게 떠넘김으로써 국채는 산더미처럼 쌓여갔다. 루이 16세가 프랑스를 치리하

던 18세기 프랑스는 성직자 그룹인 제1신분과 귀족 그룹인 제2신분이 관직을 독점하며 세금 면제를 받고 향락을 누린 반면 평민인 제3신분은 이들의 재정을 뒷받침하기 위해 착취를 당했다. 설상가상으로 1775년 미국이 영국으로부터 독립하려고 전쟁을 일으키면서 이를 지원하느라 막대한 지출을 감행한 프랑스는 파산 직전에 이르렀다. 이에 부족한 재정을 메우려고 더 많은 세금을 제3신분에게 과중시키면서 이들의 불만이 극에 달하자 루이 16세는 삼부회를 소집하

바스티유 습격

여 갈등을 해결하려 하지만 투표 방식에 대한 논란으로 이마저 결렬되고 만다. 그러자 시민 대표단은 테니스 코트에 모여 새로운 헌법이 제정될 때까지 해산하지 않겠다며 테니스 코트 서약을 발표하고 국민의회를 조직했다. 무력으로 이들을 해산시키며 차단하려는 왕권 세력의 움직임을 감지한 시민들은 1789년 7월 14일 바스티유 감옥을 습격하면서 혁명을 일으켜 그 불씨가 활활 타오르기 시작했다. 바스티유 감옥의 함락은 절대군주제의 몰락을 상징할 뿐만 아니라 봉건제와 특권층이 사라지고 부르주아 프랑스가 구 귀족적 프랑스를 대체함을 보여준 혁명이었다. 이후 국민 공회는 군주제를 폐지하고 공화정을 선포하며 이념으로 자유, 평등, 박애를 내세웠다.

프랑스 혁명의 이념 자유, 평등, 박애

프랑스 혁명은 전 유럽을 떠들썩하게 만든 엄청난 사건인 동시에 최초로 왕을 처형한 사건이기도 했다. 농민이 주를 이루는 제3신분의 주도로 일어

난 계급 혁명이며 봉건적인 구습을 타파하려는 혁명이었다. 절대 왕정이 붕괴하며 헌법의 틀 아래에서 의회의 권리가 살아났으며 왕에게 집중되었던 권력이 시민에게로 옮겨진 엄청난 사건이었다. 이 사건은 온 유럽 국가에 큰 반향을 일으켰고 미국의 독립전쟁에 영향을 주기도 했다. 혁명의 구호가 되었던 '자유, 평등, 박애'는 수많은 국가들에 본보기가 되었다.

2 파리 코뮌 (Commune de Paris)

19세기 내내 프랑스 정부는 전쟁과 부패, 그리고 무능을 드러내며 국가 재정을 고갈시켰다. 이 와중에 지배계급은 보수파, 중도파, 급진파로 나뉘어 서로 권력을 취하려고 투쟁을 벌였다. 이러한 시기에 생겨난 파리 코뮌은 프랑스에서 생겨난 최초의 노동자 정부이며 사회주의 모델의 원형이었다. 이는 1871년 3월 18일부터 5월 28일까지 2개월가량 존속했다. 1789년 프랑스 대혁명으로 시민의 인권이 향상되리라 믿었던 파리시민들은 상상을 초월하는 힘든 정치적 소용돌이 속으로 빠져들었다. 제정과 공화국을 반복하며 어지러운 시기를 보내야 했기 때문이다. 1870년 7월 루이 보나파르트(나폴레옹 3세)는 쿠데타를 일으켜 황제에 오르며 여론을 잠재우려고 프로이센과 전쟁을 선포하지만 곧 포로로 붙잡혀 가고 만다. 이에 흥분한 파리시민들은 제3공화국을 세우지만 임시정부의 부패와 무능은 줄어들지 않았다. 이로 인해 파리는 130여 일 동안 포위된 상황에서 싸움을 이어가며 굶주림에 시달렸고 결국 백기를 들고 말았다. 이후 1871년 2월 제3공화국은 정식 선거를 실시하는데 선거에서 왕당파가 대승을 거두며 티에르가 대통령으로 선출되었다. 하지만 티에르는 왕당파의 기득권을 유지하는 조건으로 독일과 강화협약을 체결함으로써 시민들의 분노를 샀다. 지배계급은 흥분한 시민들의 분노를 피해 모두 도망가버리고 파리는 무정부 상태로 변했다. 이런 정치적 혼란 속에서 노동자들의 주도로 새롭게 탄생한 정부가 바로 파리 코뮌이다. 파리 코뮌은

코뮈나르(코뮌지지자) 전사자들의 통곡의 벽. 페르 라셰즈 공동묘지 내 위치함

새로운 사회를 건설하기 위해 민주적 제도를 새롭게 정비하며 조국을 수호하려고 총을 들고 싸웠다. 하지만 이들은 제3공화국 정부에 의해 모두 학살당했다. 결국 짧은 기간 세워졌던 노동자 정부는 안타깝게도 막을 내렸다. 후에 마르크스는 파리 코뮌의 체제와 정신을 높이 사면서 칭찬을 아끼지 않았다. 파리 코뮌은 시민 다수를 위한 민주주의 제도를 만들었을 뿐 아니라 노동계급도 새로운 사회를 건설할 수 있음을 보여주었다. 레닌 이후 파리 코뮌은 역사적 사례나 이론적 대상을 넘어 현실의 사회주의가 추구해야 하는 혁명 모델로 이해되고 있다.

3 드레퓌스 사건 (L'affaire Dreyfus)

드레퓌스 사건은 국가가 한 개인의 인생을 얼마나 유린할 수 있는가를 보여준 사건이며 프랑스인들이 인권에 대해 새로운 관점으로 바라볼 수 있도록 해준 계기이기도 하다. 프랑스는 19세기 후반 군국주의로 인해 반유대주의가 팽배한 상황이었다. 유대인 포병이었던 드레퓌스는 독일을 위해 간첩으로 활동했다는 오해를 사서 면직을 당한 뒤 유배되었다. 1894년부터 1899년에 일어난 드레퓌스 사건은 프랑스를 심각하게 분열시켰다. 프랑스 사회는 그의 무죄를 주장하는 드레퓌스파와 민족주의적이며 유대인 배척자인 반드레퓌스파로 양분되어 정치적인 스캔들로 시끄러웠다. 특히 군부에서는 이미 다른 소령이 범인이라는 정황을 파악했음에도 불구하고 드레퓌스의 무죄를 밝히지 않았다.

로로르지에 기고된 에밀 졸라의 「나는 고발한다」

이에 에밀 졸라는 1898년 1월 13일자 《로로르 L'aurore》지에 '나는 고발한다(J'accuse)'라는 논설로 유죄판결을 내린 군부의 의혹을 공박하는 취지의 글을 발표한다. 프랑스 국민들은 국가 권력이 일으킨 인권유린을 묵도하며 스스로를 돌아보게 되었다. 1906년 다행히 재심이 열려 드레퓌스가 무죄 판결을 받고 복직함으로써 프랑스는 공화정의 기반을 다지게 되었고 드레퓌스파를 중심으로 형성된 좌파 세력들이 결속하는 계기가 마련되었다.

새로운 콘텐츠의 탄생

프랑스 혁명을 다룬 콘텐츠들은 수없이 많다. 『당통』(1983) 이외에도 『원네이션』(2019), 그 외에 『프랑스 대혁명』(넥플렉스 제작 2019년 작) 등 모두 열거할 수 없을 정도다. 또한 드레퓌스 사건은 당시 대문호였던 에밀 졸라의 양심을 흔들어 놓기도 했다. 이처럼 하나의 역사적 사실은 다양한 관점에서 시대를 초월하여 새로운 콘텐츠로 대중의 관심을 사로잡는 매력을 지니고 있다.

1. 찰스 디킨스(Charles Dickens, 1812~1870), 『두 도시 이야기(A Tale of Two Cities)』

디킨스는 프랑스 작가는 아니지만, 『두 도시 이야기』를 통해 타인의 시선으로 프랑스 혁명의 소용돌이 속에서 평범한 시민들이 엮어가는 이야기를 세심하게 그리며 거대한 서사를 보여준다. 디킨스는 소설의 첫 문장에서 독자들의 시선을 사로잡으며 이 소설이 무엇에 관한 내용을 담고 있는지 선언한다.

디킨슨의 『두 도시 이야기』

> "최고의 시절이자 최악의 시절, 지혜의 시대이자 어리석음의 시대였다. 믿음의 세기이자 의심의 세기였으며, 빛의 계절이자 어둠의 계절이었다. 희망의 봄이면서 곧 절망의 겨울이었다. 우리 앞에는 무엇이든 있었지만 한편으로 아무것도 없었다. 우리는 모두 천국 쪽으로 가고자 했지만 우리는 다른 방향으로 걸어갔다."[29]

소설 속 두 도시는 런던과 파리이다. 파리는 부패한 관리들로 인해 가난으로 고통받는 도시인 반면 런던은 안정적이며 개인의 자유와 경제 활동이 보장되는 곳으로 묘사된다. 소설은 프랑스 대혁명이라는 커다란 역사적 사건을 중심으로 그 안에서 루시, 다네이 그리고 카턴의 사랑 이야기가 하나의 중요한 축을 이루며 전개된다.

---

29) 『두 도시 이야기』, 찰스 디킨스 저, 성은애 역, 창비, 2015, 15쪽

가장 절정을 이루는 감동은 시드니 카턴이 보여준 희생이라고 할 수 있다. 그는 루시를 향한 순수한 사랑을 가슴에 품고 그녀가 행복할 수 있도록 그녀가 사랑하는 찰스를 대신해 단두 대에 올라 처형을 당한다. 이처럼 참담한 시절이지만 그러한 시기에도 선한 의지를 잃지 않는 사람들이 존재함을 보여주며 역사 속에서 주체할 수 없는 고난과 비극을 극복하는 가장 숭고한 힘은 바로 인간의 선함이라는 사실을 부각시킨다. 프랑스 대혁명이라는 거대한 사건 속에서 인간들이 서로 맺어가는 관계와 사랑이 그 무엇보다 아름다움을 보여준 작품이다. 과연 우리는 선택해야 할 두 갈래 길에서 어떤 가치관을 붙들고 어떤 길로 들어설까?

2. 빅토르 위고(Victor Hugo), 『레 미제라블(Les Misérables)』

빅토르 위고는 프랑스가 자랑하는 대문호이다. 그의 여러 작품 가운데 프랑스 혁명과 그 이후 프랑스의 혼란기를 다루며 그 속에서 사회의 희생양이지만 생각의 전환으로 아름답게 생을 마감한 한 남자의 이야기를 담은 소설 『레 미제라블』. 레 미제라블은 제목이 상징하듯 1932년 있었던 6월 항쟁을 소재로 삼아 19세기를 살아간 프랑스 민중들의 비참한 삶을 보여준다. 이 작품은 현대에 영화로, 뮤지컬로 여러 예술가들의 손을 거쳐 재탄생한 콘텐츠이다.

빅토르 위고

주인공 '장발장'은, 누이와 조카를 위해 빵 한 조각을 훔친 죄로 19년 동안 감옥살이를 한다. 출소 후에도 '장발장'은 전과자로 힘든 삶을 살다가 다시 은식기를 절도하지만 그를 용서한 미리엘 신부님의 도움으로 '마드렌느'라는 이름으로 새로운 삶을 살아간다. 성실히 일한 덕분에 공장 주인이 되고 이후 시장의 위치까지 올라간다. 평소 알고 지내던 판틴의 부탁으로 그녀의 딸인 코제트를 수양딸로 삼아 행복한 삶을 살아간다. 하지만 장발장의 과거를 파헤치려는 간수 자베르의 끈질긴 추격으로 모든 것을 포기한 채 다시 쫓기듯 살아간다.

레미제라블 뮤지컬

그러는 동안 성숙한 여인으로 성장한 코제트는 쫓기는 상황 속에서 마리우스라는 혁명주의자 청년과 사랑을 꽃피우고 결국 둘은 결혼한다. 장발장은 마리우스에게 코제트를 부탁하고 둘의 사랑을 축복하며 두 사람의 안전을 위해 스스로 그들의 곁을 떠난다. 마지막에 '장발장'은 두 사람과 재회하며 삶을 의미 있게 마감한다.

모든 등장인물의 삶 속에서 겪는 갈등이 우리 내부에서 일어나는 온갖 고민과 갈등을 대변하지만, 그 가운데 다른 측면으로 우리에게 큰 울림을 던진 사람은 바로 자베르이다. 자베르는 스스로 정의로운 사람이라 믿는 자이다. 천한 신분에 범죄자였던 부모로 인해 '선'과 '악'이라는 이분법적인 사고로 모든 것을 판단하며 정의와 선에 집착했던 인물이지만 장발장이 자신의 목숨을 구해주면서 평생 지켜온 가치관과 신념에 혼동을 느껴 스스로를 추스르지 못한 채 결국 죽음을 선택하고 마는, 그 시대의 또 다른 희생양이다.

3. 에밀 졸라(Emile Zola), 『나는 고발한다(J'accuse)』

1898년 1월 13일 자 로로르(L'Aurore) 지 첫 면에 에밀 졸라의 『나는 고발한다』라는 글이 올라왔다. 당시 졸라는 이미 유명한 작가였다. 대체 어떤 사건이 유명세를 누리던 작가에게 모험을 하도록 한 것일까? 졸라는 "내게는 단 하나의 열정, 그토록 고통을 당하며 행복할 권리가 있는 인류를 대신하는 빛에 대한 열정이 있다.[30]라며 자신이 빛을 밝히려는 열정으로 이 일에 뛰어들었음을 보여주었다.

에밀 졸라

이 일로 인해 졸라는 펜으로 얻은 부와 명성을 다시 글을 씀으로써 잃어버릴 위기에 처한다. 당시 프랑스 공화국 대통령에게 보낸 편지에서 졸라는 간첩 혐의를 받고 투옥되어 고초를 당한 드레퓌스 장군에게 가해진 불의를 드러냈다. 졸라는 "나는 진실을 소리 높여 말할 것입니다. 나는 진실을 말할 것을 약속했기 때문입니다. 나의 의무는 사실을 말하는 것이며, 나는 저들의 공범이 되고 싶은 생각이 추호도 없습니다."[31]라며 진실을 알리는 데 앞장섰다. 이 일로 인해 프랑스의 지식인들은 엄청난 충격을 받고 양 진영으로 나뉘어 갈등을 표현했다. 졸라는 드레퓌스라는 한 개인이 잔인한 운명의 희생양으로서 감옥에서 고통을 겪는다는 생각에 괴로워하며 그의 무죄를 확신하고 그에 대한 연민에서 용기를 내어 이 모든 일들을 감행하였다. 졸라는 레지옹 도뇌르 훈장(명예 훈장)까지 박탈 당하면서 끝까지 드레퓌스가 무죄임을 주장했다. 당시 군부는 드레퓌스를 무죄로 인정하면 자신들의 실수를 드러내는 것이었기에 끊임없이 이를 감추려 애를 썼다. 하지만 졸라의 글 덕분에 여러 지식인들이 이 사건에 동참함으로써 드레퓌스는 1906년 7월 13일 무죄로 풀려났다.

---

30) ≪ Je n'ai qu'une passion, celle de la lumière au nom de l'humanité qui a tant souffert et a droit au bonheur ≫.

31) 『에밀 졸라 전진하는 진실』, 에밀 졸라 저, 박명숙 역, 은행나무, 2014, 192쪽

07 전쟁과 프랑스 공화국

프랑스 파리 엘리제 궁전 입구

　전쟁을 한 번도 겪지 않고 형성된 국가는 거의 존재하지 않을 것이다. 그만큼 한 국가가 형성되는 과정에서 일어난 크고 작은 전쟁들은 그 국가의 정체성을 형성해가는 데 지대한 역할을 했다. 전쟁을 연구한 연구자들은 전쟁의 원인을 인간의 심성에 자리 잡은 공격성, 국가의 각 분야에서 발생하는 갈등의 대립, 국가 체제가 지닌 문제점 등으로 요약한다.[32] 전쟁 당시 이를 경험한 사람들에게는 다시는 되돌아보고 싶지 않은 공포스러운 추억이지만 세월이 흐른 뒤에 살펴보는 전쟁 사건들은 국가의 정체성 형성과 격변하는 사회변화 현상을 설명해주기 때문에 다양한 문화산업의 소재로 활용될 뿐 아니라 현대 사회를 이해하는 초석을 마련해준다.

---

32) 『영화 속에 나타난 전쟁의 재현과 의미』, 김형주, 2012, 1쪽

1 레지스탕스 (La résistance)

2차 대전 당시 레지스탕스 모습

1차와 2차에 걸친 세계대전은 유럽 사회를 크게 변화시켰고 특히 문화 분야에서 많은 변동을 가져왔다. 프랑스가 큰 전쟁을 치르면서도 나라를 굳건히 지킬 수 있었던 저변에는 '레지스탕스'의 활약이 한 몫을 담당했다. '저항'이라는 의미를 지닌 프랑스어 단어 «résistance»는 시대별로 다양한 역사를 지니고 있지만 20세기에 일어난 세계 제2차 대전과 관련해서는 특별히 외세에 의해 나라가 지배를 받는 것에 대항하여 일어난 운동이라는 점에서 그 의미가 남다르다. 전쟁 중 모든 이들의 머릿속에 자리 잡은 '레지스탕스'라는 단어는 전쟁 이후 정치 분야에서 불합리한 체제에 대항하여 투쟁하는 세력을 지칭할 때 자주 사용되었다. 레지스탕스 운동은 1940년 6월 18일 샤를 드골 장군이 런던에서 프랑스인들에게 레지스탕스 참여를 요구한 뒤 자발적으로 전개되기 시작했다. 국외와 국내에서 진행된 운동이었지만 그 가운데 국외에서 드골 장군이 이끈 '자유 프랑스'의 활동이 주목받았다. 프랑스 레지스탕스의 활동이 높이 평가되는 이유는 종교나 체제를 막론하고 모두가 일치단결하여 광범위한 통일전선을 조직하였고, 국민이 모두 협력하여 1944년 6월 연합군의 프랑스 상륙을 도왔으며 이 통일전선의 기초 위에 신정부가 수립되었기 때문이다.

2 프랑스 68운동 (Mai 68)

프랑스의 68운동은 일명 5월 혁명이라 일컬어지기도 하는데 샤를 드골 대통령이 집권하던 프랑스 정부의 실정과 사회적인 모순에 대해 저항하는 운동으로 시작하여 사회 전반적으로 총파업에 돌입하는 투쟁이 이어져 기존에 프랑스가 지니고 있던 가치와 질서가 새롭게 변화하는 계기를 마련한 운동이다. 초기에는 파리의 낭테르(Nanterre)대학의 학생들이 베트남 전쟁을 반대하며 시위를 일으키면서 시작되었다. 낭테르대학은 학생들과 대립하며 일시적으로 학교를 폐쇄했는데 소르본 대학의 학생들이 이에 항의하여 5월 3일 광장으로 나와 시위를 일으켰고 이후 몇몇 대학교와 고등학교까지 시위에 동참했다. 6월로 접어들면서 노동자들까지 합세하여 시위와 파업을 이어갔다. 프랑스의 대학생들이 불씨를 일으킨 운동은 베를린과 로마까지 퍼져나갔고 미국에서도 베트남 전쟁에 반대하는 저항이 이어지며 세계로 급속히 확산되어 나갔

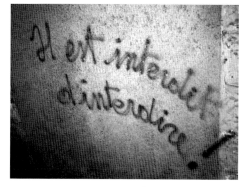

'금지하는 것을 금지한다'는 68운동 문구

다. 이들은 벽에 '금지하는 것을 금지한다 (Il est interdit d'interdire)'라든지 '나는 무슨 말을 해야할지 모르지만 말을 하고 싶다(Je ne sais pas quoi dire mais j'ai envie de le dire)'라는 글로 벽을 채웠고 이들이 내건 생각에 동조하는 다수의 시민들이 학생들 주위로 몰려들어 소그룹을 형성하며 연대하기 시작하였다. 급기야 경찰과 시민들이 대립하며 프랑스를 소용돌이 속으로 휘말리도록 했다. 이 운동은 결국 실패로 돌아갔지만 프랑스가 그동안 추구했던 평등, 성해방, 인권, 공동체주의 생태주의 등 진보적인 가치에 대해 새로운 시선을 부여하며 가치의 전환을 마련하는 계기가 되었다.

3 프랑스 공화국 (La république française)

'공화'라는 단어는 로마인들이 BC 509년 폭정을 이유로 마지막 왕을 축출한 이후에 국가를 '공공의 것'이라는 뜻의 'res publica'로 부르면서 출현했다. 이후 유럽의 여러 국가에서 사용되었는데 궁극적으로는 왕이 지배하지 않는 국가를 의미했다. 프랑스는 혁명을 통해 단두대에서 왕을 처형하면서 공화국으로 거듭났다. 유럽의 다른 국가와는 달리 프랑스 공화주의는 루소의 인민주권 개념과 프랑스 혁명 시기에 등장한 시민

파리의 공화국 동상

의 민주주의적 정치 실현을 강조한다. 혁명 후 처음으로 등장한 프랑스 제
1공화국(Première République française)은 프랑스 입헌 왕국의 뒤를 이어
전쟁을 통해 주권을 행사했으며 프랑스는 현재까지도 프랑스 공화국으로
그 위상을 전 세계에 드높이고 있다. 프랑스는 여러 힘든 과정을 거치며 그
들만의 국가적 정체성을 형성하였고 다른 문화를 그들의 문화와 조화시키
며 성장한 국가 중 하나이다.

새로운 콘텐츠의 탄생

1. 레지스탕스(Résistance, 2020)

전쟁이 영화의 주 소재로 다루어진 것은 아주 오래된 일이다. 그 가운데 레지스탕스를 재연
한 영화는 수없이 많아서 모두 열거할 수 없을 정도이다. 전쟁이라는 무거운 주제를 실화 혹
은 허구로 새롭게 해석하여 전쟁의 여러 이면을 보여주는 영화는 현대인들에게 풍부한 이
야깃거리를 제공한다. 특히 전쟁 속에서 프랑스를 지키기 위해 목숨을 걸고 투쟁한 레지스
탕스의 여러 활약은 수많은 이야기를 낳았을 뿐만 아니라 여러 영상으로도 제작되었다.

〈철로 전투〉(1946), 〈그림자 군단〉(1969), 〈범죄 군단〉
(2009) 이외에도 최근 개봉된 조나단 자쿠보위즈 감독이
연출한 〈레지스탕스〉(2020)까지 다양하다. 이 영화는 제
2차 세계대전 당시 유럽의 유대인들을 표현한 무겁고 진
중한 분위기의 영화로 프랑스 마임배우 마르셀 마르소
(Marcel Marceau, 1923~2007)가 전쟁을 주제로 하는
슬픈 마임을 보여주며 프랑스 유대인 어린이들의 생명을
구한다는 내용을 담고 있다. 이처럼 시대가 변화할 때마
다 레지스탕스의 활약은 다른 관점에서 새롭게 각색되어
멋진 콘텐츠로 탄생했다.

레지스탕스, 2020 영화

2. 숫양이 되고 싶지 않은 어린양 (L'agneau qui ne voulait pas être un mouton)

늑대에게 반항하는 양떼. 용기, 연대, 저항을 담은 동화이다. 사회에서 필요한 경우 저항과
연대가 중요함을 어린이들에게 일깨워주는 동화이다. 오래전부터 양 떼들이 늘 풀을 뜯던
초원에 문제가 일어난다. 하루는 늑대가 주위를 배회하지만 아무도 신경 쓰지 않는다. 늑대
가 약한 양을 공격해도 우리는 아프지 않으니까 괜찮다며 흥분하지 않는다. 급기야 검은 양
까지 공격하지만 이때에도 양들은 우리는 검은 양이 아니니까 괜찮다며 아무 대항도 하지
않는다.

『숫양이 되고 싶지 않은 어린양』 동화책

그런데 늑대가 갑자기 숫양을 잡아먹자 곧 자신들의 차례가 올지 모른다며 두려워한다. 그때 어린양이 앞장서서 양 떼가 서로 뭉쳐서 잔인한 늑대를 머리로 들이받으면 물리칠 수 있다고 외친다. 이 책은 어린이들에게 이웃을 헤치는 것을 묵인하면 자신도 공격받을 수 있으며 서로서로 도와야 한다는 점을 알려주는 동화이다.

08 프랑스 단어에 담긴 가치 이야기

자유, 평등, 박애를 실현하려는 프랑스

　　프랑스를 지탱해주는 주요 가치에는 어떤 것들이 있을까? 크게 세 가지, 즉 톨레랑스, 솔리다리테, 라이시테를 들 수 있다. 우리는 톨레랑스라는 단어를 매체를 통해 많이 접해보았다. '관용'이라는 의미로 사용되는 톨레랑스는 너무나 추상적인 의미로 다가오기 때문에 그 과정을 들여다보지 않는다면 이해하기가 힘들다. '연대'를 의미하는 솔리다리테 역시 프랑스적인 특징들을 담고 있어서 한국어에서 의미하는 연대와 완전히 일치하지 않는 부분들도 존재한다. 그래도 톨레랑스나 솔리다리테는 우리가 한 번쯤 접해보거나 고민해본 영역이라 그렇게 생소하게 느껴지지는 않지만 '정교분리'를 뜻하는 라이시테는 도통 감을 잡지 못하는 경우에 해당한다. 프랑스인들이 지키려고 노력하는 이 가치들은 어떤 사건들을 통해 형성되었을까? 이 단어에 진정한 의미가 담기기 위해 어떤 역사적인 과정을 거쳤을까? 이런 질문들에 답하며 프랑스 단어 속에 담긴 가치를 살펴보도록 하자.

1 톨레랑스 (La tolérance)

프랑스를 이끌어주는 중요한 가치 중 하나이다. 톨레랑스는 다민족, 다인종으로 구성된 프랑스가 오랜 경험을 통해 터득한 공존의 원칙이며 함께 살아갈 원리를 보여주는 가치이다. 프랑스인들은 여러 사건을 통해 이를 지켜왔기 때문에 이에 대해 남다른 애착을 보인다.

톨레랑스의 등장과 형성

톨레랑스[33]는 그 단어의 기원에서도 알 수 있듯이 프랑스가 인종, 문화, 종교의 차이로 격렬한 갈등을 겪으며 수많은 희생을 치르고 참고 견디며 이루어낸 값진 가치이다. 이 가치가 형성되는데 기반이 된 여러 역사적인 사건들이 있다. 첫째, 1572년 8월 24일 구교와 신교의 갈등으로 빚어진 생바르텔레미 대학살이다. 위그노파에 속한 신교도 3,000여 명이 파리에서 희생된 후 피의 악순환이 지속되자 이를 지켜본 유럽의 지식인들은 종교적인 사태를 진정시키고 서로의 차이를 인

톨레랑스

정하자며 톨레랑스를 언급하기 시작하였다. 종교 간의 갈등이 진정되자 톨레랑스의 외침은 종교를 넘어 점차 사회 전반으로 퍼져나갔다. 둘째, 대혁명의 시기와 19세기를 거치며 혁명과 반혁명의 반복적인 과정을 겪으며 시민의식의 발달로 인해 톨레랑스의 가치가 자리를 잡아갔다. 이 시기 톨레랑스는 상승하는 개인적 자유주의와 평등사상에 기반을 둔 공동체 안에서 구성원들의 공존을 가능하도록 하는 '공존의 원리'로 자리 잡기 시작하였다.

---

33) 톨레랑스는 라틴어 tolerare (참고, 견디다)에 그 근간을 두고 있다.

톨레랑스의 기본 원리

인종차별주의 금지

    톨레랑스는 종교적 관용, 사회적 관용, 시민적 관용이라는 측면으로 나타나며 한 개인이 자유를 누리는 만큼 타인의 자유도 함께 존중하는 합리성에 기초한다. 그래서 기본적으로 4가지의 원리를 중시한다. 첫째, 인간이 완전하지 않다는 점을 인정하는 것에서 출발한다. 인간은 완전한 존재가 아니라서 인간의 문제를 인간적인 관점에서 다루자는 전제를 내세운다. 스스로 편협함에서 벗어나 다른 자아인 타자를 인정하기 위해서는 자신의 의견이 완전할 수 없음을 인정해야 한다. 둘째, 극단적인 것을 거부하며 양심의 자유를 지지하는 태도이다. 톨레랑스가 주장하는 양심의 자유는 모든 것을 제멋대로 할 수 있다는 방종이나 허황된 자유가 아니다. 이는 밀이 이야기한 것처럼 가장 자유로워야 할 영역인 인간 의식에서의 자유를 의미하므로 양심을 어기는 극단주의를 부정한다. 셋째, 폭력을 통해 자신의 주장을 관철시키기 보다는 토론과 설득을 통해 서로가 받아들일 수 있도록 한다. 토론에서 타인과 이성적인 토론을 벌일 경우 스스로의 부족함을 인지하여 이를 보충할 뿐 아니라 상대방의 의견도 보완할 수 있다. 톨레랑스는 서로의 의견을 힘이 아닌 토론과 논증으로 설득하는 것이다. 따라서 주장이 대립할 경우 서로 각자의 주장을 위해 논쟁을 거친 후 상대방의 생각을 바꿀 수 없거나 합리적이라고 판단될 경우 서로의 차이를 인정하는 방향으로 발전한다. 프랑스 학술원의 정의에 따르면 톨레랑스는 '막을 수 없는 것을 너그럽게 받아들이는 것'이다. 그래서 톨레랑스는 사회를 적극적으로 바꾸려는 다분히 의도적이고 의식적인 관용이라 할 수 있다. 톨레랑스 정신의 장점은 자신을 다른 사람의 위치에 놓아 볼 수 있고 자신과 다른 존재를 인정하고 수용하도록 해준다. 그런데 서로가 공존하려면 자신뿐 아니라 상대방도 이를 인정하는 상호성이 전제되어야 한다. 넷째로 인간과 사상의 무한한 다양성을 존중한다. 여러 원리가 함께 있을 때 그만큼 억압과 차별의 가능성이 줄고 토론과 설득에 따른 진보도 가능하다. 차이와 다양성의 존중은 톨레랑스를 갖추기 위해 요구되는 조건이다.

톨레랑스의 이중성과 한계

톨레랑스는 여러 시기를 거치며 프랑스 사회 안에서 핵심적인 가치로 자리를 잡았지만 사회가 변화되어 감에 따라 가치도 새로운 관점으로 재조명될 수 밖에 없었다. 현대 프랑스 사회에서 톨레랑스는 그 어떤 가치보다 힘든 시기를 겪고 있는 듯하다. 톨레랑스는 긍정적인 측면에서 한 사회의 정신적 성숙도를 대변하지만 부정적인 측면으로 보면 체념이나 무관심, 더나아가 자유를 넘어서는 방종을 보인다는 입장도 있다. 무엇보다 톨레랑스의 범위와 한계에 대한 문제는 큰 이슈로 대두된다. 과연 어디까지 톨레랑스 할 것인가? 프랑스는 최근 이민자들과의 갈등으로 인해 '톨레랑스 제로'를 내세우며 극단적인 행동을 보인 사람들에 대해 관대할 수 없음을 피력한다. 이런 변화는 남의 잘못에 관대할 수 없을 만큼 프랑스 사회가 당하는 피해가 크기 때문이다. 그래서 현재 프랑스는 톨레랑스의 역설에 빠져있다고 해도 과언이 아니다. 톨레랑스는 경계없이 무한정 인정되기를 바랄 때 그 자체가 소실될 수 있음을 보여준다. 이는 톨레랑스 할 수 없는 대상에게조차 모든 자유를 허용하기 때문이다. 톨레랑스는 차이를 존중하며 이 차이의 존중은 필수불가결한 요소이다. 그러나 개인주의의 확산과 공동체의 붕괴로 인해 불확실성과 불안이 증가하면서 다름과 차이에 대해 경계하며 더 나아가 이를 막기 위한 폭력이 발생하기도한다. 현대 사회가 안고 있는 불확실성과 불안에 대한 근본적

톨레랑스 제로

인 원인을 치유하지 않은 채 차이만을 인정하라는 것은 더 큰 불안을 양산할 수 있다. 궁극적으로 오늘날 프랑스 사회에서의 톨레랑스는 공동체를 파괴하는 자유방임과 폭력을 지양하고 '톨레랑스 할 수 없는 것에는 톨레랑스 할 수 없다'는 한계를 세운다고 볼 수 있다.

2 솔리다리테 (La solidarité)

솔리다리테를 한국어로 번역하면 '연대' 혹은 '결속'이라고 할 수 있다. 사전적 정의에 따르면 연대란 구성원간의 상호 책임감, 서로에게 관심을 가지게 강제하는 우의적인 연결의식을 말한다.

영국이 자유를 상징하는 국가라면 프랑스는 평등과 연대를 대표한다. 프랑스인들의 정신에 스며들어 있는 정신적 토양의

솔리다리테

역할을 하는 가치가 톨레랑스라면 솔리다리테는 프랑스인들을 행동하도록 만드는 사회적인 동력과 같다. 솔리다리테는 사회통합의 대원칙인 자유와 평등을 보조하면서 그보다 한 단계 나아간 사회적 개념이다. 또한 사회적 의무로서 함께 살아가는 세상을 만들어가기 위해 함께 행동하며 함께 책임져야 한다는 공동체 의식을 지닌 가치이기도 하다. 프랑스에서는 사회적으로 위기가 닥치는 시기에 솔리다리테가 자주 발생했다. 솔리다리테의 기원은 프랑스 혁명으로 거슬러 올라간다. 프랑스 혁명에서 내세운 자유, 평등, 박애 중에서 박애의 현대적 개념이 솔리다리테라고 할 수 있다. 박애란 인종적 편견이나 국가적 이기심을 버리고 인류 전체의 복지 증진을 위해 전 인류가 평등하게 사랑하는 것, 인권존중 및 인류애까지를 포괄하기 때문이다. 이러한 가치가 자리를 잡기까지 혁명 후인 1895년 레옹 부르주아가 주장한 연대주의 이론이 한몫을 담당하여 연대주의 전통의 맥을 이

었다. 이후 1900년 프랑스는 제3공화국의 공식 사회철학으로 '솔리다리즘 (solidarisme, 연대주의)'을 내세워 연대주의가 집단주의와 자유주의 사이의 '제3의 길'과 같은 역할을 함을 강조하였다. 프랑스인들은 각 개인의 인권이 실질적으로 평등하게 보장되어야 한다는 원칙에 가치를 두는데 이러한 가치의 실현을 위해 연대의식, 즉 솔리다리테로 이를 표현한다. 그래서일까? 프랑스는 실업률이 높고 파업이 잦은 나라로 알려져 있는데 높은 실업률에도 불구하고 사회 보장 비용을 감축하지 않는다. 이는 제도적인 원칙이 변경되면 프랑스 노동자들이 정부 정책에 대항해 파업을 하여 이로 인한 파장이 크기도 하지만 그들의 권리나 주장이 정당하다고 여겨지면 프랑스인들이 이 파업이 초래하는 불편을 감수하는 정서가 자리 잡았기 때문이다. 프랑스 국민들은 파업을 통제하는 현상들을 통해 프랑스 사회를 지탱해온 중요한 가치 중 하나인 연대의식이 위협을 받을지 모른다는 우려를 나타낸다. 그래서 프랑스인들은 어떤 제도이든 연대의식의 구현을 내세운다. 가장 이상적인 사회를 추구하려 했던 프랑스에서 자유와 평등이 동시에 가능할 수 있었던 이유는 바로 솔리다리테 덕분이라 할 수 있다. 자유와 평등은 사회통합의 두 가지 대원칙이지만 자유와 평등보다 한층 고차원적인 개념으로 이 두 원칙을 보조해주는 것이 바로 '연대'의 원칙이다. 이처럼 프랑스는 연대성이 사회통합에 근거하며 국가는 통합을 유지해가는 방향으로 계약의 공정한 실천을 보장하는 역할을 담당하는 것으로 보았다.

2015년 'Je suis Charlie' 시위로 연대한 모습

3 라이시테 (La laïcité)

라이시테

　라이시테란 프랑스식의 정교분리 사상을 일컫는 표현으로 그 어원은 '민중의'라는 프랑스어 의미를 지닌 'laïc'에 명사형 접미사 ité를 결합한 것이며 교권주의에 대항한다는 의미를 지닌다. 이 개념을 모두 포함하고 있는 한국어 단어를 찾기는 힘들다. 프랑스는 프랑스 헌법 제1조에서 '프랑스는 불가분적, 비종교적, 민주적, 사회적 공화국이다.(La France est une République indivisible, laïque, démocratique et sociale.)'라고 규정하며 라이시테를 국가 이념 중 하나로 추구하고 있다. 라이시테는 1894년 프랑스에서 일어난 드레퓌스 사건과 연관이 있다. 당시 유대계 장교였던 알프레드 드레퓌스가 독일 스파이라는 누명을 쓰고 투옥되었다가 풀려난 사건을 계기로 기독교 대 유대교, 진보 대 보수 간의 갈등이 불거지면서 프랑스 정부는 1905년 법으로 라이시테를 못 박았다. 17세기 및 18세기의 계몽주의자들은 관용의 정신을 기반으로 종교적 영역에서의 개인의 자유를 주장하였으며, 이와 같은 주장은 1789년 인권선언 제10조로 규범화된 이래 헌정체제의 변화에도 불구하고 계속 유지되었다. 라이시테는 정교분리를 주장하는데 개인적인 종교의 자유는 보장하되 종교는 개인적 영역에만 속하며 정치나 사회 등 공적 영역에서 종교적 색채를 드러내는 것을 엄격히 그리고 철저히 배제하는 것을 기본으로 한다.

라이시테와 종교적 자유

프랑스에서 종교적 믿음을 형성하는 내적 자유, 즉 신앙적인 자유는 지니지만 종교적 중립성을 의미하는 정교분리는 프랑스식의 정교분리 원칙인, 라이시테에 근거한다. 이는 역사적 전개 상황이나 입법과정을 살펴볼 때 분리한다는 그 자체에 목적이 있는 것이 아니라 평등한 개인의 종교적 양심의 자유를 보호하는 것을 목적으로 하며 사회통합의 수단인 동시에 사회에서 일어나는 갈등을 막기 위한 도구의 역할을 하는 것을 의미한다. 프랑스의 라이시테는 종교의 자유를 어느 정도 침해하는 부분들은 존재하되 정치와 종교를 엄격히 분리하기보다는 국가와 종교의 관계를 정하는 자유주의 국가의 사례라고 할 수 있다.

09 프랑스 단어에 담긴 이미지 문화 이야기

유명한 명작들

　　현재 우리는 이미지의 강력한 힘에 둘러싸여 생활하고 있다. 현대인들은 주위를 감싸고 있는 다양한 이미지들을 통해 의사소통을 이어간다. 그래서인지 이미지 문화에 대한 호기심이 날로 증가하고 있다. 이미지로 대변되는 시각 문화는 시각과 문화가 결합된 문화양상이다. 인간은 대부분의 정보를 시각을 통해 받아들이기 때문에 어느 문화에서든 이미지는 그 사회를 관찰하기에 매우 적합하며 그만큼 중요한 역할을 한다. 따라서 이에 부합하는 단어들도 상대적으로 그 수가 많을 뿐 아니라 그 대상도 다양하다. 이미지 문화는 시각적 측면을 강조하느냐 문화적 측면을 강조하냐에 따라 서술 방식이 다르지만 단어와 연관된 프랑스의 이미지 문화에서는 다학문적인 접근에 의해 시각적인 부분만이 아니라 그 안에 담긴 의미적 차원까지 살펴보고자 한다. 일반적으로 시각문화는 미술영역, 공예 · 디자인 영역, 매스미디어와 전자미디어, 공연예술과 스펙터클 아트로 나눈다.[34] 시각적인 부분을 강조하는 이미지 문화는 인간에 의해 창출된 모든 시각적인 문화 현상과 연관되어 있다.

---

34) John W. Walker, John Albert Walker & Sarah Chaplin, 『Visual Culture an Introduction』, Manchester University Press, 1997.

1 영화 (Le cinéma français)

현재 영화가 세상에 존재하지 않는다면 사람들은 무척이나 무미건조한 세상을 살아갈지도 모른다. 영화의 시작은 프랑스와 미국의 탁월한 안목을 가진 천재들에 의해 이루어졌다. 그러나 두 국가의 인물들은 영화를 바라보는 방향이 서로 달라서 개발한 기계 또한 조금씩 차이가 났다. 뤼미에르 형제 (Auguste et Louis Lumière)는 프랑스에서 영화상영 카메라

파리 몽파르나스의 극장

를 개발하였지만 그들의 눈에는 그저 흥미진진한 신기술에 불과해서 루이 뤼미에르는 첫 영화를 상영한 이후 '영화는 미래가 없는 발명품이다 (Le cinéma est une invention sans avenir.)'라고 말했다. 이 말은 이후 뤼미에르 형제에게 씻을 수 없는 과오로 남았다. 영화는 모두에게 특별한 오락거리를 제공하는 예술의 형태로 대중문화에 근본적인 영향력을 행사하고 있다. 뤼미에르 형제의 '시네마토그라프'는 대형 화면 위로 움직이는 영상을 보여줌으로써 새로운 경험을 창조하는 놀라운 혁신을 이루었다.

뤼미에르 박물관

영화는 서사 구조와 담론 구조를 동시에 지니고 있는 예술 장르이다. 그래서 제작자는 영화를 통해 무엇인가 '스토리텔링'을 한다. 그러면 영화를 감상하는 관객들은 제작자들이 이야기한 내용을 듣는 '스토리리스닝' 역할과 기능을 한다. 이들을 통해 사회 내에서 영화에 대한 해독과 의미의 공유가 이루어진다. 영화의 장점은 모든 현상들이나 상상력이 영상 이미지로 재현된다는 점이다. 그래서 영화를 접한 이들은 영화 콘텐츠 내에서 이를 간접적으로 생동감 있게 보게 된다.

뤼미에르 형제작인 '뤼미에르 공장을 나서는 노동자들'의 한 장면

1895년 12월 28일 파리에 있는 그랑 카페 (le Grand Café)에서 뤼미에르 형제는 세계 최초로 영화를 대중에게 상영했다. 공식적인 '세계 최초의 영화'는 뤼미에르 형제의 〈뤼미에르 공장을 나서는 노동자들〉(1895년작)이다. 제목에서도 알 수 있듯이 이 영화는 뤼미에르 공장을 나서는 노동자들을 단순히 촬영한 것으로서 지금 본다면 무척 무미건조하겠지만 당시에는 이 흑백 영화가 엄청난 돌풍을 일으켰다. 거리로 쏟아져나오는 노동자들을 보며 프랑스 최고의 마술쇼 극장인 로베르 우댕(Robert Houdin) 극장의 극장주이자 마술사인 조르주 멜리에스(Georges Méliès)는 '이 광경은 너무 충격적이라 그 어떤 것으로도 표현할 수 없을 만큼 말문이 막힌다. 영화가 끝나자 황홀함에 취해 모두 어떻게 이런 결과를 얻었는지 의아해했다'라며 감탄을 금치 못했다. 뤼미에르 형제가 두 번째로 상영하여 명성을 날린 〈라 시오타 역으로 들어오는 기차의 도착〉(1896년작)은 상영 당시 관중들이 기차가 다가오자 겁에 질려 달아났다고 한다. 영화는 당시로서는 상상할 수도 없는 감각적인 충격을 안겨주었고 시각적인 영역에서 혁명과도 같은 결과를 가져왔다. 뤼미에르가 영화를 상영한 다음 날 한 지역 신문에 '우리는 이미 말한 것을 녹음하는 시대이지만 이제 일상을 촬영함으로써 우리가 떠난 후에도 오랫동안 가족들이 다시 볼 수 있게 되었다'라는 글로 영화가 새로운 영상 기술로 문화를 바꾸어나가리라 예견했다. 영화를 상영한 이듬해 뤼미에르 형제는 런던, 브뤼셀, 뉴욕에 시네마토그라프 상영관을 열고 프랑스인들의 일상적인 생활을 담

은 영화를 널리 보급했다. 금붕어에게 먹이를 주며 응시하는 아이, 행진하는 군인들이 등장하는 평범한 내용들이었다. 대중은 화면 위로 펼쳐지는 일상의 삶을 바라보는 일에 사로잡혔다. 뤼미에르 형제는 영상발명품을 챙겨 전세계를 돌며 영화를 상영하고 그 지역의 고유한 내용들을 필름에 담았다. 그들은 1895년-1905년 사이 1,400편 이상의 영화들을 완성했는데 다행히 오늘날까지 대부분 보존되고 있다.

하지만 뤼미에르 형제의 영화가 세계 최초라는 것에 반기를 드는 여러 주장들도 있다. 미국의 에디슨이 뤼미에르 형제보다 앞서 1888년 촬영기 키네토그래프(Kinetograph)와 키네토스코프(Kinetoscope)를 발명해서 눈으로 재생되는 영상을 볼 수 있도록 했기 때문이다. 뤼미에르 형제의 시네마토그라프가 현대적인 영사기에 더 가까운 기계임은 분명하지만 이는 에디슨의 발명품을 참조한 결과였기에 어떤 이들은 영화의 기본 개념을 파악한 인물은 에디슨이라고 주장한다. 뤼미에르와 에디슨의 차이는 프랑스와 미국의 차이이며 영화가 두 갈래로 방향을 잡고 발달하게 되는 계기를 마련했다고 볼 수 있다. 프랑스에서 영화는 그들이 주장하듯 '제7의 예술', 즉 심미적 표현물로 보는 반면 미국에서는 발명가였지만 사업가의 재능을 지녔던 에디슨 덕분에, 그리고 사회적인 분위기로 인해 영화가 상업적인 오락물의 역할을 하며 하나의 산업으로 자리를 잡았다.

누벨 바그 (La nouvelle vague)

누벨 바그는 한국어로 '새로운 물결'이란 뜻을 지니고 있다. 1957년 '렉스프레스(L'Express) 가을호에 프랑수아즈 지루(Françoise Giroud)의 손끝에서 탄생한 제목이다. 이 용어는 당시 젊은 세대의 현상에 대한 사회학적 조사에서 비롯되었지만 이후 영화평론지《카이에 뒤 시네마(Cahiers du Cinéma)》의 발행인이었던 비평가 앙드레 바쟁(André Bazin)의 영화 비평에서 사용되며 영화 영역에서 강한 영향력을 행사

누벨 바그 감독들

프랑수아 트뤼포 감독

했다. 당시 20-30대의 젊은 영화감독들은 할리우드 영화에서 제시하는 기준들과 기존의 고착되어 가던 장르의 규칙들을 타파하고자 했다. 그들은 영화가 인간의 감성을 사로잡지 못하고 진지함이 부족하다고 비평하며 영화란 사람들이 실제로 살아가는 방식을 보여줘야함을 일깨워주었다. 이처럼 그들은 당시로는 매우 파격적이고 진보적인 새로운 유형의 영화를 탄생시키며 영화가 고수해오던 관습에서 벗어나 감독 개인이 스스로 작가라는 '작가주의'를 주장하며 개인의 영화를 추구하였다. 1954년 프랑수아 트뤼포는《카이에 뒤 시네마》지의 '프랑스 영화의 어떤 경향'이라는 기고를 통해 기성 영화에 대해 신랄한 비판을 가하며 영화에 있어 작가주의를 선언했다. 트뤼포는 감독의 창조적인 개성이 반영된 영화를 제작해야함을 시사하였고 장뤽 고다르(Jean-Luc Godard)처럼 당시의 몇몇 유명한 감독들은 영화제에서 상을 받기 위해 제작하는 시나리오를 비판하며 기존의 틀에서 벗어나 감독의 개인적인 영감이나 비전을 담은 영화 제작 스타일을 주장하였다. 트리포나 고다르 감독 이외에도 클로드 샤브롤(Claude Chabrol), 에릭 로메르(Éric Rohmer) 등 젊은 감독들은 프랑스 영화에 새로운 바람을 불러일으켰다.

작가주의란 크게 세 가지 중요한 점을 일깨워주었는데 첫째로 영화예술의 주도적 존재가 감독이라는 사실을 인지시키며 감독의 역할을 새롭게 재조명하였고 둘째로는 영화제작에서 '어떻게' 표현하느냐가 중요함을 부각시키며 '무엇'을 강조하던 관점에서 벗어나도록 해주었으며 셋째로는 대중영화와 지적 영화의 융합 가능성을 보여주었다는 점이 매우 고무적이다. 그래서 미국의 할리우드 영화에서 중요하게 생각했던 장르들을 수용하면서 한 발짝 더 나아가 기존의 장르적 관습을 뛰어넘어 감독들이 지닌 능력을 맘껏 발휘하는 그들만의 솜씨를 높이 평가하였다.[35]

35) 곽노경, 김선미, 『프랑스 문화와 예술 그리고 프랑스어』, 신아사, 2012.

이들의 영향으로 탄생한 누벨 바그는 조직화된 형식의 운동은 아니었지만 영화인들이 기존의 틀에서 벗어나 프랑스적인 영화의 특징들을 드러내도록 해주었다. 트뤼포 감독은 "내일의 영화는 영화의 기능이 아니라 자극적이며 황홀한 모험을 담은 영화를 촬영하는 예술가들에 의해 실현될 것이다. (...) 내일의 영화는 사랑의 행위가 될 것이다."라며 영화에 대한 새로운 시선을 시사했다. 이처럼 누벨 바그 운동은 프랑스 영화계뿐 아니라 전 세계 영화에도 큰 영향을 미쳐서 영화사에서 고전영화와 현대영화를 가르는 중요한 분기점으로 평가된다.

2 명화 (Le chef-d'oeuvre)

가끔 명화란 무엇인가라는 질문을 해볼 때가 있다. 왜 사람들은 특정 그림에 명화라는 타이틀을 붙여 감탄하며 높은 가격을 정해 재산으로 대물림을 하는 것일까? 고대부터 인간들은 벽화에 그림을 그려 주변 환경을 혹은 자신의 존재를 드러냈다. 인류는 대체 왜 쓸모없는 일에 열정을 들이는 것일까? 예술의 기원은 상상력과 공감을 기반으로 했던 듯하다.[36] 19세기 말 예술은 자연을 그대로 표현하는 행위에서 벗어나 새로운 형태로 진화했다. 그 과정 중 대표적인 사조와 작가를 살펴보자.

엥프레시오니즘 (L'impressionisme)

한국인들에게 프랑스의 화가나 그림에 대해 알고 있는 것이 있냐고 질문하면 대부분은 고흐의 '해바라기'를 예로 든다. 그만큼 미술의 사조 가운데 '인상주의'나 '후기인상주의'는 외국인인 우리의 눈에도 강한 '인상'을 남겨준 듯하다. 최초로 그림을 보며 '인상적'이라는 단어에 무게를 실어준 인물

---

36) 김대식, 「예술의 종말? 인류의 꿈 넓혀줄 더 과감한 행위 절실」, 중앙일보, 2020년 12월 19일 기사 참조

은 비평가 루이 르루와(Louis Leroy)[37]로《르 샤리바리(Le Charivari)》지에서 그림에 대해 부정적인 비평을 가하며 이 단어를 사용했다.

인상주의가 출현하기 이전인 19세기 중반까지 프랑스의 미술계는 신고전주의와 이에 반발하는 진보적인 화가들로 구성된 사실주의로 이분되었다. 신고전주의자들은 미술학교의 정통적인 교육을 받은 미술가들로 이루어진 반면 사실주의는 일정한 사조를 드러내지 못해서 19세기 중반까지도 약한 지지층을 형성했다. 이들은 미술 작품의 공식적인 통로였던 살롱전에 주요 인물은 아니었으나 제도권 미술의 주제에 반발하며 독특한 작품세계로 새로운 시선을 던져줌으로써 서서히 관심을 끌었다. 그 대표적인 화가가 귀스타브 쿠르베(Gustave Courbet)였다. 쿠르베는 1855년의 파리 만국박람회에 출품한『화가의 아틀리에(L'Atelier du peintre)』가『오르낭의 매장(Un enterrement à Ornans)』이라는 작품과 함께 박람회의 심사위원에게 거부되어 씻을 수 없는 아픔을 경험했다. 하지만 그의 작품 덕분에 19세기 이전의 미술과는 근본적으로 다른 미술의 움직임들이 활발하게 살아났다. 점차 많은 예술가들도 이러한 움직임에 동참했다. 인상주의가 본격적으로 미술 운동으로 자리를 잡은 시점은 다양한 표현들과 더불어 이전에 산발적으로 흩어졌던 개념들이 한곳에 모여 정점에 도달하면서부터라 할 수 있다. 19세기 후반부터 프랑스에서는 '인상주의 혹은 인상파'라는 회화 운동이 자리를 잡았다.

낚싯배, 쿠르베 그림

---

37) 한국어로 대부분 루이 르루이로 표현됨

시시각각 변화는 루앙성당 모습. 모네 그림

'인상주의'는 한 비평가의 입에서 작품에 대한 불만을 표현하며 비꼬는 표현으로 발설한 단어였으나 오히려 새로운 개념을 일깨워주는 단어로 미술계 움직임의 한 자리를 차지했다. 1874년 살롱전에서 클로드 모네(Claude Monet)의 '해돋이: 인상(Impression, soleil levant)'이라는 작품을 보고 비평가 루이 르루와는 '이 그림은 무엇을 표현하는가? 인상! 확실히 인상적입니다. 나도 인상적이었기에 그 안에 인상이 있다고 생각합니다.[38]라고 말했다. 모네가 르 아브르의 풍경을 담아 출품한 그림에 스스로 붙인 제목에서 비롯된 이 단어는 미적인 표현을 넘어 여러 화가들에게 신고전주의에 반발하는 새로운 움직임으로 표출되었다. 인상주의는 자연 혹은 삶의 편린들을 가능한 객관적이며 과학적인 정신에 의해 기록하는 사실주의적 태도를 기반으로 풍경 자체보다는 풍경이 보여주는 감각을 묘사하려 노력했다. 이들은 사실주의처럼 실재를 보여주면서 동시에 화가 개인의 내면에 존재하는 주관성을 함께 표현해주었다. 인상주의 화가들이 묘사하듯 풍경을 그리는 작업은 신화나 성경을 주제로 사실적이며 이상적으로 묘사하는 화풍을 보여준 신고전주의 작품과는 매우 상이한 기법이었다. 특히 기존에 모든 이들이 생각하던 색채가 아닌 빛의 움직임에 따라 느껴지는 색채를 사용함으로써 일반적으로 파란색으로 표현하는 바다도 여러 색이 혼합된 색채로 흐릿한 분위기를 연출하며 무엇인가 완성되지 않은 듯한 느낌의 작품을 선보였

---

38) ≪Que représente cette toile ? Impression ! Impression, j'en étais sûr. Je me disais aussi puisque je suis impressionné, il doit y avoir de l'impression là-dedans≫.

지베르니, 모네의 정원 풍경

다. 그러자 기존의 평론가들은 이러한 그림에 비난을 쏟아냈다. 인상주의적 회화기법이 집단적으로 진보하기 시작한 시기는 1874년 초부터였다. 소위 '소수의 화가, 조각가, 판화가들의 모임'이라는 전시회를 통해 자신들의 화풍을 선보인 젊은 인상주의 예술가들은 옥외의 생생한 순간들을 포착하여 그들만의 빛으로 표현했다.

인상파를 이론적으로 정립한 인물은 다름 아닌 모네였다. 모네는 '생나자르역(Gare Saint-Lazare)'과 '루앙성당(Cathédrale Notre-Dame de Rouen)'이 빛에 따라 시시각각 변화하는 연작을 선보임으로써 동일한 사물이 빛에 따라 다르게 보이는 시각적 진실을 표출해냈다.

수련, 모네 그림

이후 모네는 자연에 심취하였다. 1878년, 그는 영감의 원천인 자연과 빛에 최대한 가까이 다가서기 위해 작업장을 보트 위에 세우기도 했다. 그 후 1883년 센 강변에 있는 지베르니에서 그의 행복은 절정에 달했다. 지베르니에 있는 집 정원에 수련(연꽃)을 심고 비가 오는 날이나 맑은 날, 캔버스에 수시로 들판, 나무, 센 강을 담아냈다. 모네는 점차 형태 자체보다는 그의 시선에 담긴 나무, 꽃, 그리고 물에 비친 수련에 집중했다. 마치 그림 속에서 빛과 어둠이 놀이를 하는 듯했다. 지베르니에서 시작한 모네의 수련 시리즈 속에는 하늘과 구름이 수련꽃 사이를 지나는 듯한 인상을 대중들에게 선사했다. 눈 앞에 펼쳐진 자신의 그림에 매료된 모네는 점차 하늘이 반사하는 물 위의 정원을 화폭에 담으려 애를 썼다. 그래서였을까? 어느새 형태는 스르르 사라지고 화폭에 색채의 승리만이 깃들었다. 재능이 남달랐던 인상주의 화가들은 화풍 또한 제각각이었다. 대표적인 화가로는 드가·마네·모네·피사로·시슬리 등을 들 수 있으며 이들의 화법은 후기 인상파에 영향을 주어 고흐, 고갱, 세잔, 로트렉 같은 대가들을 탄생시켰다.

포스트 앵프레시오니즘 (Le poste-impressionisme)

후기 인상주의는 1886년부터 1905년 야수파(fauvisme)가 등장할 때까지 프랑스를 움직인 예술 운동이다. 폴 세잔에 의해 인상주의에 대항하는 움직임으로 나타났는데 초기에는 이 움직임이 프랑스에서 일어났으나 차츰 여러 국가로 전파되었다. 이들은 인상주의가 따르는 길에 대해 전적으로 동의하지는 않았으며 오히려 인상주의 화가들이 선택하는 주제의 저속함이나 구조의 상실에 실망하면서 자신들의 존재를 드러냈다. 후기 인상주의 운동은 주로 폴 세잔(Paul Cézanne), 폴 고갱(Paul Gauguin), 빈센트 반 고흐(Vincent van Gogh)와 조르주 쇠라(Georges Seurat)가 이끌었다. 그들은 인상주의의 한계를 던져버리고 투박하고 강력한 색채를 사용하며 실제적인 삶을 보여줌으로써 오히려 인상주의를 확장시켰다. 점묘법에 유난히 관심을 보였던 쇠라(Seurat)는 다양한 색채의 미세한 점들을 체계적으로 사용하여 작품을 완성했다. 반면 세잔은 작품 속에서 구조와 질서의 감성을 회복하려고 애를 썼다. 후기 인상주의의 가장 대표적인 화가로는 고흐를 들 수 있는데 그는 자신의 정신 상태와 감정을 거친 붓 터치와 색채로 표현했다. 이처럼 후

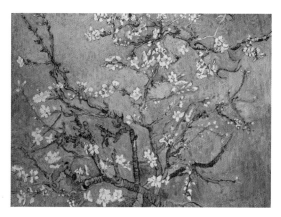
아몬드 나무, 고흐 그림

기 인상주의 화가들은 하나의 통일된 움직임을 보이지는 않았으며 추상적인 특징이나 상징적인 내용을 강조함으로써 네오 엥프레시오니즘(néo-impressionnisme)이나 상징주의(symbolisme)를 내포한다는 평을 듣기도 했다.

사실 후기 인상주의라는 용어는 로저 플라이(Roger Fry)가 1906년 예술비평을 위해 사용하면서 등장했다. 후기 인상주의 예술사의 대가인 리월드(Rewald)는 이 용어가 '매우 실용적임에도 불구하고 그리 명확하지 않다'고 덧붙였다.[39] 역사가들을 인식하며 언급한 리월드의 접근은 후기 인상주의가 분석적이라기보다는 설명에 가까워서 그림이 스스로 이야기하도록 놓아두는 것으로 충분함을 보여준다. 이후 1910년 마네와 후기 인상주의자들이 런던에서 개최한 전시회를 통해서 플라이가 이 사조를 '마네 이후 프랑스 예술의 발전'으로 정의함으로써 이 용어가 재조명되었다.

다다이즘(Le dadaïsme)

프랑스어로 'dada'는 어린아이들이 타고 노는 목마를 일컫는다. 하지만 한편으로 다다는 'C'est son dada'처럼 '그가 즐겨하는 표현이다'라는 뜻에서 알 수 있듯이 무엇인가 지속적으로 행하는 태도라는 의미를 지닌다. '다다'는 프랑스어를 전공하지 않은 사람들이 느끼기에도 무엇인가 조금은 유치한 유아적인 뉴앙스를 풍긴다. 'dada'라는 단어를 선택할 때 이 운동에 참여한 이들은 프랑스어 사전을 펼치고 그들이 본 첫 단어를 선택하기로 하는데 이때 선택된 단어가 바로 'dada'였다. 우연이었을까? 아니면 필연이었을까? 마치 어린 시절에 목마를 타며 순수하게 아무런 선입견도 없이 작품을 대하는 자신들의 취지를 담은

다다이즘을 소개한 잡지

39) John Rewald, 『Le poste-impressionisme: De Van Gogh à Gauguin』, Hachette, 2004.

단어의 선택은 이처럼 절묘하게 맞아떨어졌다. 다아이즘은 기존의 틀에 대한 반항 정신을 기반으로 한다. 정확한 정체성이 확정되어 있지 않은 모호한 상태의 레디메이드에서 탈피하여 새로운 변화를 추구하며 기존 질서와 가치에 대한 부정과 도전을 보여준다. 그래서 허무주의에 가까운 이상주의를 내세우고 예술작품 안에서 기존 작품의 무의미함을 보여주고자 했다. 다다이스트들은 과거로부터 전통적으로 전수되던 예술적인 관례에 대해 '아니오'라고 말하며 기성의 모든 도덕적 · 사회적 속박으로부터 정신을 해방시키고 개인의 진정한 근원에 충실 하려 했다. 1920년대 다다운동은 전 유럽과 미국에 걸쳐 일어났으며 1922년 파리에서 대규모의 국제전이 개최되기도 했으나 1924년 초현실주의가 출현하며 서서히 해체되었다.

다다이즘은 특별한 사람들에게만 한정되었던 예술을 대중들에게 더욱 가까이 다가서도록 해주었다. 예술과 삶의 경계가 허물어져 관중으로 남았던 평범한 이들에게 예술 활동에 참여할 수 있는 용기를 주었다. 대표적인 인물로 마르셀 뒤샹을 들 수 있다. 뒤샹은 '우리 인생을 예술작품으로 만듭시다'라며 어떤

샘 마르셀 뒤샹 작품

관습에도 얽매이지 않고 자유롭게 작품활동을 한 예술가이다. 일명 '뒤샹식(duchampienne)' 자유를 스튜디오 흐르디누(Hrdinu) 극장에서 발표하며 일상생활 속에 존재하는 레디메이드에 자신의 생각이 담긴 새로운 개념을 담아 누구든 다양한 창의성을 갖고 표현하면 예술작품을 탄생시킬 수 있음을 보여주었다. 대표적인 작품인 '샘(Fontaine)'에서 뒤샹은 관객들에게 단어 하나로 레디메이드의 개념에서 벗어나 유동적인 새로운 세계로 들어서도록 해주었다. '샘'은 산업사회에서 대량 생산된 변기에 서명을 하여 원래 지녔던 실용적 가치에서 탈피한 새로운 개념을 지닌 오브제로 탄생시킨 작품이다. 이 작품은 사실 1917년 미국 뉴욕에서 개최된 전시회에 출품되었다가 관계자들과 관객들의 조롱 속에서 퇴출당하는 수모를 겪었다. 하지만 이

후 작품을 창작할 때 작가가 머릿속에 담아내는 다양한 아이디어와 작품이 탄생하기까지의 과정을 중요시하는 개념미술(L'art conceptuel)의 출현에 영향을 미쳤다.

아르 나이프(L'art naïf)

그 누구의 그림에 영향을 받지 않고 스스로 예술의 길을 개척한 화가도 있다. 세관원이라는 직업으로 살아가며 독학으로 '아르 나이프(L'art naïf)'의 대가로 자리잡은 앙리 루소(Henri Rousseau)가 바로 대표적인 인물이다. 루소는 아버지의 사업 실패로 가난한 어린 시절을 겪으며 콤플렉스로 얼룩진 삶을 살았던 인물이었지만 40세를 넘긴 1886년 앙데팡 당(Indépendants)이라는 전시에 참가하여 '카니발 저녁(Une soirée au carnaval)'이라는 작품으로 화단에 등장하며 예술가의 길을 걸었다. 루소는 주로 자신의 꿈을 그림으로 묘사했다. 그림의 소재는 두 가지로 나뉘었다. 첫째는 에펠탑이나 주요 행사들을 표현했다. 에펠탑의 다양한 모습 혹은 춤추는 어린이나 국기를 그려서 프랑스 공화국의 박애를 표현했다. 새로운 것에 호기심이 많아 비행기, 기차, 당시 출현한 전기등을 화폭에 담아 보여주기도 했다. 연기가 피어오르는 공장을 묘사하며 새로운 세계를 보여주었다. 둘째로 루소는 '꿈(Le Rêve)'을 통해 50여 가지의 다양한 느낌의 녹색으로 오묘한 정글의 분위기를 연출해주었다. 미술에 대해 정식 교육을 안 받아서였을까? 루소는 한 번도 프랑스를 떠나본 적이 없음에도 불구하고 흘러넘치는 상상만으로 주로 열대 정글의 풍경을 화폭에 담았다.

그림 속에 담긴 풍경은 그림책, 열대정원, 멕시코에 참전한 프랑스 병사들과 나눈 이야기를 통해 루소의 상상 속에서 탄생했다. 화폭에 담긴 식물들은 약간은 부자연스러운 형태를 드러내지만 그러한 형태가 오묘한 색채와 묘하게 서로 어우러져 독특한 분위기를 자아내며 어린아이가 그린 듯 어색하면서도 강렬한 인상을 심어준다.

루소는 앞서 새로운 길을 개척한 여러 예술가들과 비슷하게 당대 대중

들에게 비웃음을 당했다. 하지만
선구자적 예술의 길을 걸은 피카
소의 눈에 루소의 그림은 그 누
구도 따라 할 수 없는 독특함을
드러내는 작품이었다. 피카소 같
은 젊은 아방가르드 예술가들은
루소의 그림에 열광하였고 그 덕
분에 루소는 말년에 빛을 발하

열대림, 앙리 루소 그림

기 시작했다. 루소의 독특한 시각으로 인해 그의 그림은 입체파나 인상주의
처럼 당시 사조의 부류에 속할 수 없었다. 그래서 '순수한(naïf)' 화가로 스스
로 독창적인 화풍을 세상에 선보인 인물로 평가받는다. 이런 예술적 움직임
은 작품에서 당시 색채의 코드나 시선의 규칙을 존중하지 않는 예술가들을
불러모았다. 루소의 그림 속에는 차원이 입체적으로 드러나지 않는다. 마치
화폭에 인물이나 풀등이 붙어있는 듯한 느낌을 자아낸다. 이처럼 정식 교육
을 받지 않은 것이 오히려 장점으로 작용하여 모방적인 스타일이 아닌 스스
로 터득한 스타일로 그림을 완성해나갔다. 그래서 그의 그림이 걸작이라는
평가를 받기까지는 시간이 좀 필요했다.

3 만화 (La bande dessinée)

프랑스 만화 지지자들

한국에서 만화는 사회 문화 전반에 걸쳐 지대한 영향력을 행사하고 있으며 이미지 문화 분야에서 점차 중요도를 높여가고 있다. 지금까지 만화는 인쇄만화와 영상만화로 구분되었고 프랑스도 지면 만화(bande déssinée)와 영상만화(dessin animé)로 나누어져 축제가 열리고 있지만 1990년 이후 급속한 디지털화의 영향으로 차츰 웹으로의 매체변화가 이루어지고 있다. 초기에 만화는 문자를 대신하는 문자문화에 속했으나 이제는 시각문화의 영역으로 다루어지고 있다. 만화를 활용한 분야는 앞으로 더욱 다양하게 발전하여 문자를 대신하는 소통의 메신저로 사회에서 문화의 한 축을 차지할 것이다.

만화는 정의를 어떻게 내리느냐에 따라 기원에 대한 경계를 정할 수 있다. 일반적으로 만화에 대한 정의는 그림과 텍스트의 조화를 어떻게 볼 것인가의 문제와 연관된다. 그림에 간략한 텍스트를 첨가하여 의미를 덧붙이던 형식에서 텍스트의 영역이 확대되며 말풍선이 등장하여 그림과 텍스트가 서로 한 컷 속에서 하나의 의미작용을 하는 단계로, 평면적인 지면 만화가 애니메이션이라는 활동성이 가미된 입체만화나 그래픽 노블로, 나아가 이탈리아의 만화제작자인 프라트[40]가 말한 것처럼 영화로 그 영역을 넓혀나갔다. 요즘은 인터넷으로 인해 전 세계적으로 콘텐츠를 동시에 공유할 수 있는 웹툰이 등장하며 만화의 새로운 영역을 열어가고 있다.

프랑스에서 지면 만화는 제9의 예술에 속하며 텍스트가 동반된 그림의 연속적인 연결로써 한 컷마다 시간적인 흐름이 이루어지며 활동이 서로 효과적이며 독창적으로 연결되는 특징을 보인다. 프랑스에서 그림판과 같은 만화

선량한 부르주아, 오노레 도미에

---

40) 이탈리아의 유명한 만화제작자인 위고 프라트(Hugo Pratt)는 '만화는 비록 빈약한 영화일지라도 영화와 같다'라며 만화를 영화의 범주에 첨가시켰다.

의 형식은 18세기 후반부터 등장했으나 19세기 후반으로 접어들면서 신문에서 풍자형식으로 만화가 선을 보이며 인기를 끌기 시작했다. 미국의 신문은 정보 중심으로 친근함을 담아냈던 반면 프랑스의 신문은 성인 독자를 겨냥해 정치성을 지닌 목소리를 내는 편이었다. 특히 특정 신문 속에 오노레 도미에(Honoré Daumier) 같은 작가들이 그 시대를 풍자하는 캐리커처를 그려 넣음으로써 대중들에게 웃음과 통쾌함을 선사했다. 시사풍자 만화의 아버지라 불리는 도미에는 특히 루이 필립 1세를 풍자한 여러 판화로 공화정의 횡포를 드러냈다. 『가르강튀아(Gargantua)』라는 작품은 국왕 루이 필립 1세가 강요한 세금 인상에 대한 반발심을 보여준 작품이다. 성인을 중심으로 하던 만화가 아이들을 위한 만화로 돌아선 시기는 1930년대이다. 자클린 리비에르(Jacqueline Rivière)의 글에 에밀 팽숑(Émile-Joseph-Porphyre Pinchon)이 그림을 그린 『베카신(Béccassine)』과 루이 포르통(Louis Forton)이 쓴 『니켈 도금된 발들(Les pieds nikelés)』등이 선을 보이며 주제가 아이들을 위한 만화로 조금씩 다양해져갔다. 하지만 이들은 현대 만화와는 다소 동떨어진 방식으로 만화를 묘사했다. 이후 미국 만화의 영향을 받은 알랭 생토강(Alain Saint-Ogan)은 『지그와 퓌스(Zig et puce)』를 선보이며 기존의 만화 형식을 벗어나 그림과 주인공의 대화를 분리시키는 '말풍선'을 개발하여 만화의 새로운 경지를 열었다.

베카신

땡땡의 모험 시리즈, 에르제 글과 그림

아스테릭스 파크

프랑스 만화가 황금기를 이룬 시기는 1960년 대부터 1980년대 중반까지라고 할 수 있다. 엄밀히 말하자면 만화는 이 시기부터 프랑스뿐만이 아닌 벨기에를 포함한 프랑스어권 만화로 영역을 넓혀갔다. 1929년 조르주 프로스페 레미(Georges Prosper Remi)가 에르제(Hergé)라는 필명으로「르 쁘띠 뱅띠엠(Le Petit Vingtième)」의 책임자(편집장이었음)를 하며 유럽만화의 대표적 캐릭터인 '땡땡(Tintin)'을 탄생시키면서 본격화되었다. 땡땡은 후에 애니메이션과 영화로도 제작되어 현대인들에게도 익숙한 만화이다. 이 만화는 벨기에나 프랑스뿐만 아니라 유럽 전역에서 유명세를 탔다. 1959년에는 프랑스의 근간을 이루는 골족과 로마병사들의 에피소드를 소재로 코믹한 내용을 담은 모험담을 선보인 『아스테릭스(Astérix)』가 등장하여 프랑스의 새로운 영웅 아스테릭스 현상을 불러오기도 했다. 아스테릭스는 갈리아(혹은 골족) 마을에 사는 작은 체구의 영웅이지만 마법의 물약을 마시면 괴력을 발휘해 로마군들을 물리쳐서 골족의 마을을 지키는 내용으로 이루어진 만화이다. 후에 애니메이션, 영화, 인터넷 게임으로 제작되어 흥행을 거두었으며 파리 근교에 '파크 아스테릭스(Parc Astérix)'가 세워져 미국의 디즈니랜드에 대항하는 프랑스인들의 자존심을 드러내는 테마파크로 사랑받고 있다. 1970년대로 들어서며「필로트」를 출간하던 다르고(Dargaud)가 출판물을 확대하며 엥키 빌랄(Enki Bilal)이나 페미니즘적 성향을 드러내는 클레르 브헤테셰(Claire Bretécher)처럼 독특한 작가들을 영입해 혁신을 시도하지만 큰 성공을 거두지 못했다. 1970년대 중반부터는 여러 혼란스러운 상황들이 일단락되며 만화 자체의 근원으로 회기하려는 움직임들이 일어났다. 80년대부터는 출판사들이 판매 부수를 늘리고 만화와 연관된 캐릭터 상품이나 다양한 제품들을 선보이기도 했다. 하지만 프랑스 만화의 전성기가 절정에 달했던 80년대 말부터「메탈 위를랑」,「필로트」,「샤를르 망쉬엘」,「서커스」등 유명한 만화잡지들이 폐간되면서 쇠락기로 접어들었다. 그 사이 일본 만화인 망가(Manga)가 점차 프랑스로 유입되어 아시아권 만화들이 지속적으로 소개되고 대중들에게 좋은 반응을 얻으면서 이를 계기로 한국에서도 다양한 지면 만화들이 수출되어 한국 문화의 우수성을 알려주었다. 현재는 프랑스에서 웹툰이 대세를 이루고 있다. 웹툰은 독자들의 반응을 즉각적으로 살피기가 쉽고 작가와 독자간의 소통이 원활히 이루어져서 독자들의 반응을 보며 작가들이 작업을 할 수 있다는 장점이 있다. 프랑스 웹툰은 인쇄물에서는 불가능했던 것들이 디지털 공간을 통해 독자와 상호작용을 할 수 있다는 매력에 빠져서 출판사들마다 다양한 모델을 개발하려고 노력하는 중이다. 프랑스의 언론에서도 "한국에서 만화는 더 이상 책의 페이지를 넘기는 것이 아니라 스마트 폰에서 스크롤을 내리면서 읽는 디지털용으로 설계된 형식"[41] 이라며 새로운 형태의 만화인 웹툰을 소개하며 웹툰이 만화의 새로운 길을 열어줄 것이라 기대하고 있다.

---

41) ≪Webtoons≫ : le phénomène des bandes dessinées sud-coréennes adaptées au smartphone, 2021년 2월 25일자 Le monde 참조

10 프랑스 단어에 담긴 공연문화 이야기

프랑스 니스에서 열린 카니발

　　언어와 연관된 교육은 대부분 의사소통 문제에 집중해 진행되었다. 하지만 4차 산업 시대로 접어들면서 우리는 언어를 문화와 연관하여 사용하는 '문화적인 능력'이 필요함을 인지하였다. 이는 공연문화와 관련된 프랑스어 단어의 영역에서도 마찬가지이다. 음성적, 의미적 영역뿐 아니라 단어 속에 녹아 있는 관습적, 사회적, 문화적 배경을 파악하는 능력이 미래지향적인 인재들에게 필요한 부분이다. 특히 공연문화는 언어적인 요인들을 기본으로 문화적인 언어들이 표현되고 재창조된 영역이기 때문이다. 공연문화는 모두가 누리지 못하는 고급문화를 국가나 대형예술기관들을 통해 대중들이 문화에 대한 개념을 확장시키고 문화 행위에 능동적으로 참여하도록 하는 문화 민주주의의 기본을 이룬다. 따라서 공연문화는 엘리트 문화로 고착되었던 부분들을 차츰 각 개인의 창조적 의지를 발휘하는 새로운 문화 영역으로 변화시켜야 한다.

1 프랑스 연극 (Le théatre français)

프랑스에서 예술 가운데 으뜸은 연극이
다. 프랑스는 예술 분야에 번호를 붙이고 있
는데 그 첫 번째 번호를 받은 분야가 바로
연극이기 때문이다. 그렇다면 연극은 사회
에서 왜 중요할까? 이미 다른 매체들이 연
극의 역할을 하고 있는 현재에도 연극은 중
요할까? 이런 의문들이 공연문화의 한 갈
래인 연극에 대해 드는 생각이다. 연극은 한
마디로 정의 내리기 어려운 분야이다. 사전
에서 정의하는 연극은 '배우가 각본에 따라
어떤 사건이나 인물을 말과 동작으로 관객

코메디 프랑세즈에 새겨진 코르네유 조각

에게 보여주는 무대 예술'이다.[42] 연극은 일반적으로 배우가 인간과 관계되
어 있는 내용들을 관객들 앞에서 표현하고 관객들은 이를 바라보거나 직접
참여하기도 하는 과정을 보여준다. 때로는 연극을 관람하는 자리에 있으면
서 무관심한 태도를 취하기도 한다. 연극은 극본, 배우, 관객이라는 기본적
인 세 가지 요소가 필요한 예술 형태이다. 연극은 고대부터 오늘날까지 문
학과 많은 부분이 연결되어 있다. 연극은 읽히기도 하고 표현되기도 하고
논쟁거리가 되기도 하는 등 특수성을 지닌 예술 장르이다. 또한 생동감을
지닌 살아 숨 쉬는 문학이며 논증적 형태를 취할 경우에는 은유적 표현을
통해 사상을 표현하기도 한다. 특히 연극은 다른 예술 형태에 비해 문화를
재현하는 부분이 많아 문화와 밀접하게 연관되어 있다. 생생한 현장감을 드
러내는 공연예술의 하나인 연극은 직접적인 삶의 형태를 드러내기에 개인
이나 사회 문화 및 문화 현상을 보여주는 경우가 상대적으로 많다. 프랑스
의 연극은 프랑스 문화 속에서 그들에게 가장 어울리는 형태로 새롭게 탄생
하여 역사 속에서 연극을 통해 그 사회를 보여주고 치유되며 발전하여 예술

---

42) 네이버 사전 참조

로써 자리를 굳건히 지키고 있다. 여러 다양한 공연문화가 등장하는 시대이지만 연극은 여전히 대중들에게 의미 있는 메시지를 던지는 예술로 발전되어 갈 것이다.

몰리에르(Molière)

프랑스에서 연극과 관련된 문화는 몰리에르를 빼고 이야기할 수 없다. 특히 2022년 1월 15일은 몰리에르 탄생 400주년이 되는 날이라서 그 의미가 더 남다르다. 몰리에르는 장 밥티스트 포클랭(Jean-Baptiste Poquelin)이라는 본명을 갖고 있다. 파리의 부르주아 가정에서 태어난 그는 최고의 고등교육을 받고 아버지의 뜻대로 오를레앙에서 법학사 자격을 받았다. 그 즈음, 연상의 여인인 마들렌 베자르(Madeleine Béjart)와 사랑에 빠져 부친의 반대를 무릅쓰고 연극계로 뛰어들었다. 1643년 '일뤼스트르 테아트르(Illustre Théâtre)'를 창설하여 베자르와 함께 리옹과 프랑스 각지를 돌며 순회공연을 열었다. 그러다 이탈리아에서 희

극을 배운 후 1643년부터 '몰리에르'라는 예명을 사용하며 극작가로 활동했다. 이때부터 장 밥티스트 포클랭의 삶과 몰리에르의 삶은 두 갈래로 나누어졌다. 우리는 장 밥티스트로서의 삶을 잘 알지 못한다. 세상을 떠난 몰리에르에게 남겨진 흔적은 그리 많지 않았다. 그의 작품이나 필사본이 출판되지 않았기 때문에 현재의 작품도 몰리에르 혼자의 작품이 아니라고 말하는 이들도 있다.[43]

프랑스 파리 분수에 있는 몰리에르 동상

이후 콩티 공의 후원과 보호를 받으며 몰리에르는 리옹을 중심으로 다양한 희극을 발표했다. 1658년 파리로 돌아온 몰리에르는 루이 14세 앞에

---

43) 『Molière』, Martial Poirson, Seuil, 2022.

서 '사랑에 빠진 의사(Le docteur amoureux)'를 공연하여 성공을 거둔 후 국왕의 전속이 되어 희극작가로 명성을 드높였다. 1661년부터 극단을 파리로 옮겨 활동하다가 마들렌의 동생인 아르망드 베자르(Armande Béjart)와 결혼하지만 둘 사이에 태어난 두 아들이 일찍 세상을 떠나고 1664년에 발표한 '타르튀프(Le Tartuffe)' 공연으로 인해 비난을 받으며 힘든 시기를 보냈다. 다행히 여러 번의 개정을 거쳐 타르튀프 공연의 금지령이 풀리면서 대중

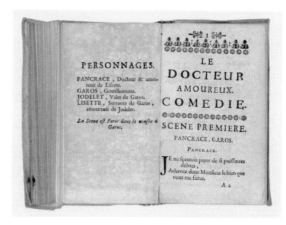

사랑에 빠진 의사, 몰리에르

에게 큰 호응을 얻어 성공을 거두었다. 1672년 마들렌이 세상을 떠나면서 국왕의 관심에서 벗어나는 불운을 겪다가 1673년 '상상병 환자(La Malade Imaginaire)'를 공연하다가 마치 연극의 한 장면처럼 무대에서 쓰러져 사망하였다. 몰리에르가 사망한 후 극단은 다른 극단과 합병하여 1680년 '코메디 프랑세즈(Comédie Française)'로 재탄생하였다.

희극의 대가로 30여 편의 작품을 남긴 극작가이자 배우였던 몰리에르는 프랑스 연극 사상 최초의 스타였다. 그는 당시 모든 이들의 사랑을 받으며 매혹적인 인물로 평가되었을 뿐 아니라 사회의 메시지를 전달하는 살아있는 매체의 역할을 했다. 프랑스어를 지칭하는 유명한 표현인 '몰리에르의 언어(langue de Molière)'의 기원을 이루기도 했다. 그렇다면 왜 프랑스어를 몰리에르의 언어라고 부를까? 이 표현은 19세기부터 전해져 내려오고 있다. 골족에서부터 발달한 프랑스어는 몰리에르까지 프랑스의 정신이라는 전통을 대대로 이어오고 있다. 몰리에르의 언어는 현대에도 여전히 연극을 통해 대중에게 감동을 선사하며 프랑스 문화유산으로써 언어를 전 세계에 전하고 있다. 몰리에르가 만든 희극 속의 프랑스어는 당시 확립되어 가던 규범을 벗어나 궁전이나 부르주아뿐 아니라 사회 각계각층의 사람들에게 웃음을 선사하며 그들 속으로 파고들었다. 그가 창조한 희극에서 몰리에르는 쓸데없이 언어를 복잡하게 만들며 의미를 왜곡시키는 특정 표현을 패러디하며 극적 효과를 극대화하여 가장 멋지고 풍부한 프랑스어의 매력을 보

여주었다. 셰익스피어가 비극을 조롱하는 지점까지 밀어붙이며 언어의 아름다움을 보여주었다면 몰리에르는 희극과 비극이 서로 교차하는 지점에서 부조리를 부각시킴으로써 희극을 절정으로 치닫게 만든 인물이다. 이 덕분에 몰리에르의 언어는 유럽의 여러 국가에서 지배계급의 언어로 자리를 잡았다. 몰리에르의 작품은 4세기 동안 변함없이 극장에서 공연되고 전 세계에 소개되고 있다. 그의 작품은 그저 고전의 자리에 머물지 않고 배우들을 통해 이 세상에 존재하는 모든 이들의 마음 깊은 곳에 자리 잡은 생각들을 배우 각자의 역할로 이야기하도록 함으로써 현대 관객들에게도 여전히 큰 울림을 전해준다.

코메디 프랑세즈 극장

몰리에르상

프랑스 연극계에서 가장 유명한 상으로 몰리에르상이 있다. 프랑스에서 제 1의 예술이라 칭해지는 연극 분야에서 몰리에르를 기리며 수여하는 이 상은 1987년에서야 제정되었다. 초기에는 상에 대한 호응이 크지 않았지만 1,300명에 달하는 전문가들이 수상작을 선정하면서 상에 대한 평가가 새롭게 이루어졌다. 매년 4월 말에 '몰리에르의 밤(Nuit des Molières)'이라는 행사가 열리며 시상식이 진행된다. 특히 지역의 문화 진흥과 연극에 대한 사랑을 증진시키기 위해 1988년에 '몰리에르 지역 연극상'을 재정하여 파리가 아닌 지역에서 탁월한 작품과 영향력을 보인 작품에 대해서도 시상을 한다.

코메디 프랑세즈(Comedie-Française)

일명 '몰리에르의 집(Maison de Molière)'라 일컬어지는 코메디 프랑세즈가 설립되기 이전인 17세기에는 몰리에르가 이끄는 팔레 루아얄 극단(troupe du Palais-Royal), 마레 극단(troupe du Marais), 부르고뉴 극단(troupe de l'Hôtel de Bourgogne)이 대중을 상대로 연극을 공연하며 경쟁했다. 몰리에르가 세상을 떠나자 팔레 루아얄에 남겨진 배우들은 부르고뉴 극단이나 게네고 극단으로 이전하거나 왕의 보

코메디 프랑세즈 극장의 간판

호로 들어오라는 설득을 받았다. 루이 14세는 희극과 비극을 하나로 묶을 극장을 찾기 위해 몰리에르의 부재를 이용하여 단일 극단 설립을 강요하였고 결국 1680년 코메디 프랑세즈를 탄생시켰다.

코메디 프랑세즈는 현재 공연 장소처럼 생각되지만 사실 극단이라고 할 수 있다. 윗윗대는 벌집을 엠블럼으로 채택하고 'Simul et singulis'[44]를 모토로 하여 희극과 비극이라는 두 그룹 간의 갈등을 풀고자 했다. 이 라틴어는 배우에 대한 첫 규율의 표현이었다. 창설 당시 극단에는 27명의 배우들이 있었다. 루이 14세는 모든 구성원들이 2주에 한 번씩 만나 프로그램을 정하고 검열을 받도록 했는데 2년이 흐르자 배우들은 참석을 피하며 집이나 카페에 머물러 총회를 더 이상 유지할 수 없었다. 루이 14세가 붙인 모토는 이처럼 정치적인 의도를 담고 있었다. 왕실은 배우들에게 연금을 지급하며 극단에 대한 권한을 가로채 배우와 프로그램을 선택하여 국가나 왕의 동의 없이는 아무 것도 결정할 수 없도록 만들었다. 루이 14세가 사망한 뒤 이탈리아 희극을 선호했던 루

코메디 프랑세즈의 명구

---

44) '모두를 위한 하나, 하나를 위한 모두'라는 뜻으로 '모두 작업에 참여하십시오, 그렇지만 여러분은 각자 자기 자신으로 남을 것입니다'라는 의미를 담고 있다.

이 15세에 의해 코메디 프랑세즈는 재정적인 어려움을 겪었다. 1784년 '피가로의 결혼(La Mariage de Figaro)' 초연으로 프랑스 귀족의 부조리와 그들의 특권을 풍자하는 내용으로 검열 대상이 되기도 했다. 프랑스 대혁명 이전에는 극단 내에서도 정치적인 지지에 대한 이견으로 분열이 일어났지만 코메디 프랑세즈는 이후 나폴레옹의 보호를 받았다. 2세기가 흐른 현재 코메디 프랑세즈는 문화부 산하 기관으로 들어가 그 위상이 높아졌으며 프랑스를 대표하는 극단으로 자리를 잡았다.

2 거리예술페스티벌 (Le festival des arts de la rue)

거리예술페스티벌의 한 장면

과거에 예술은 부유한 부르주아들이 향유하는 영역이었다. 하지만 경제적으로 여유를 이룬 국가들은 대부분 문화정책을 펼쳐서 자국민들이 문화예술분야에서 문화다양성, 문화민주화, 문화복지의 혜택을 받도록 하고 있다. 예술이 상대적으로 발달한 프랑스는 오래전부터 이러한 정책이 실행되어 거리에서도 미학적으로 상당한 수준의 공연들이 펼쳐지고 있다. 거리에서 행해지는 문화예술축제는 모든 계층에게 문화 향유의 기회를 제공함과 동시에 지역 문화공간의 개발, 지역 이미지의 재고, 지역 문화예술인의 사회 참여기회의 확장, 차세대를 위한 문화교육의 제공 등 사회 전체에 의미 있는 역할을 담당한다. 거리예술 페스티벌은 공공장소라는 열린 공간에서 공연이 진행되기 때문에 문화 현상에 따른 작품의 장르를 구분하기 어려운 단점이 있다.

'거리예술페스티벌'은 거리예술제, 거리예술페스티벌, 거리페스티벌 등으로 불린다. 거리예술페스티벌은 '거리축제(Fête de rue)와는 다소 차이가 있다. 거리축제는 영국에서 선을 보인 후 프랑스에서 정치성을 띤 예술적 움직임으로 발달한 반면 거리예술페스티벌은 다양한 예술 형태가 모여 형성된 거리예술제로서 '거리예술(les arts de la rue)'을 행하는 모든 예술가들이 주축이 된 페스티벌을 의미한다. 거리예술페스티벌은 거리예술이 다시 등장한 60년대부터 시작되었다. 퍼레이드 중심의 전통적인 페스티벌과는 다르게 예술과 정치가 서로 어우러져 다양한 영역의 배우들이 색다른 장르의 공연을 한다. 또한 전통 연극에 기반을 두고 새롭게 탄생한 거리극 등으로 구성되는 특징이 있다. 프랑스의 거리예술은 자생적으로 생겨났는데 사회적·정치적인 배경으로 인해 초기에는 도시 외곽 지역을 중심으로 이루어져서 예술성보다는 대중적인 관심에 초점을 맞추었다. 하지만 이러한 페스티벌 행사를 점차 관에서 주도하면서 예술적인 측면의 수준이 향상되었고 그 결과 도심을 중심으로 행사가 진행되면서 유럽 전역으로 유명세를 타기 시작하여 문화적 행사로 유럽으로 퍼져나갔다. 이로 인해 이들의 콘텐츠와 프로그램들이 전 세계인들의 이목을 집중시킴으로써 하나의 사회문화 현상을 이루었다.

거리예술페스티벌이 도심으로 퍼지기 전에 가장 대표적으로 알려진 행사는 프랑스 파리에서 기차로 6시간 정도 떨어진 오리악(Aurillac)에서 매년 8월 중순에 개최되는 '오리악 세계거리극축제(Aurillac Festival International de théatre de rue)'이다. 이 행사는 야외를 배경으로 정형화된 틀 없이 서커스, 인형극, 퍼레이드, 조형예술이나 마임 등 다양한 형식으로 구성된다. 그래서 공연이 펼쳐지는 기간 내내 배우들은 시내 곳곳을 누비며 대중들과 직접 호흡하며 자신들의 작품을 선보인다. 오리악은 사실 제조업이 쇠퇴하며 도시의 활력이 사라져가던 곳이었지만 세계거리극축제로 인해 프랑스의 소도시인 오리악이 새로운 공연의 메카로 세계인들의 관심을 한 몸에 받고 있다. 해를 거듭할수록 오리악 세계거리극 축제는 세계인들이 주목하는 행사로서 수많은 관람객들을 불러모으며 명실공히 대형축제로 세계적인 축제의 반열에 올라 공연예술의 새로운 가치를 일깨워준 계기가 되었다.

오리악의 거리연극

3 코메디 뮤지컬 (La comédie-musicale)

　　프랑스 뮤지컬에 대해 전혀 모르던 한국인들의 관심을 온전히 집중시켰던 '노트르담 드 파리'공연은 프랑스 뮤지컬이 미국 브로드웨이나 영국의 뮤지컬과 얼마나 다른지, 동일한 장르의 예술을 어떻게 새롭게 탄생시켰는지를 보여준 공연이었다. 프랑스에서는 뮤지컬을 '코메디 뮤지컬'이라고 일컫는다. 무엇보다 프랑스 뮤지컬의 특징은 브로드웨이나 웨스트엔드와는 달리, 고전주의 시대에 뿌리를 갖고 있다는 점이다. 그래서 프랑스 뮤지컬은 인기를 얻고 있는 다른 여러 국가보다 연극적 가치를 상대적으로 많이 지니고 있음에도 불구하고 음악과 오묘히 조화를 이루어 프랑스만의 독특한 색채를 발휘한다. 프랑스에서 뮤지컬은 앵글로 색슨족의 문화로 여겨져 80년대 후반까지 인기 없는 공연 장르에 속했다. 하지만 새로운 각색을 통해 프랑스의 뮤지컬이 전 세계적으로 대중들의 사랑을 받으면서 그 장점이 부각되었다. 프랑스의 뮤지컬은 짧지 않은 역사를 안고 우리에게 다가왔다.

프랑스 뮤지컬이 걸어온 길

노트르담 드 파리 공연 모습

　　프랑스 뮤지컬의 전신은 루이 14세 왕정 시기에 연극, 춤, 노래가 접목되어 발전한 새로운 장르인 코메디-발레(comédie-ballet)이다. 프랑스를 대표하는 제1 예술인 연극에서 탁월한 재능을 발휘한 당대의 유명한 극작가인 몰리에르가 연극을 맡았고 륄리라는 궁중 음악가가 음악을 담당하여 이 두 예술의 합작으로 새롭게 탄생한 것이 뮤지컬의 시초였다. 이후 18세기 초에 카페-콩세르(café-concert)를 중심으로 뮤지컬이 발달했다. 당시 카페-콩세르의 주된 공연은 관객을 사로잡기 위해 마술, 서커스, 마임 등 여러 오락 요소들을 접목시킨 것들이었다. 17세기 코메디-발레가 프랑스 뮤지컬의 배아였다면 그 배아에 살을 붙이고 대중적 가치라는 성격을 부여한 것은 카페-콩세르였다. 하지만 영화라는 장르의 흥행으로 인해 카페-콩세르의 인기는 점차 시들해졌다. 카페-콩세르에서 이루어진 공연을 대신하여 뮤지컬의 흐름을 이어온 것은 19세기에 발전한 오페레타(opérette)였다. '희가극' 혹은 '경가극'이라는 뜻의 오페레타는 연극처럼 대사와 더불어 무용과 오케스트라가 곁들여진 오페라와 비슷한 형식이었다. 내용적인 측면에서는 오페라보다 가벼우면서도 음악적으로 더욱 감성적인 면을 드러내는 장르였다. 초기 오

레미제라블 영국 공연 광고

페레타는 작품 전체의 대사를 모두 노래로 표현하지는 않았다. 작품 속에서 음악은 오페라처럼 연극적 대사와 교차되어 연주되었지만 대사의 내용은 오페라에서 다루고 있는 비극적이거나 장엄한 내용은 아니었다. 20세기로 접어들면서 프랑스에서는 '스타마니아(Stamania)'나 '레 미제라블(Les Misérables)'처럼 대중들이 관심을 보이는 뮤지컬이 등장했다. 하지만 이 작품들은 또 다른 작품의 제작을 이끌어낼 만큼 대중들에게 영향력을 행사하지는 못했다. 프랑스의 뮤지컬은 미국이나 영국에서 대중의 인기를 받았던 뮤지컬 산업의 영향으로 새로운 변신을 시도하기 시작했다. 대표적으로 '노트르담 드 파리(Notre Dame de Paris)라는 작품을 선보여 대중의 인기를 한 몸에 받아 전 세계적으로 프랑스 뮤지컬의 위상을 높이는 계기를 마련했다. 2000년대에는 '로미오와 줄리엣'(Roméo et Juliette), '십계'(Les Dix Commandements), '돈주앙'(Don Juan)등 문학작품이나 성서의 내용을 다룬 뮤지컬들이 선을 보였다. 이 작품들을 통해 전형적인 뮤지컬의 형식을 뛰어넘어 클래식, 샹송, 테크노, 댄스 등 다양한 음악을 사용하고 콘텐츠들을 보완하며 관객층을 넓혀나갔다. 특히 젊은 층이 이러한 뮤지컬에 호기심을 느끼며 공연을 즐기기 시작했다. 이후 2006년 '태양왕(Le Roi Soleil)'이라는 작품을 발표하여 메가

바스티유의 연인들 뮤지컬 포스터

톱급 흥행을 이루면서 전 세계 뮤지컬 시장에서 프랑스의 존재감을 확실히 새겼다. 최근에는 '바스티유의 연인들(Les amants de la Bastille)'이 큰 성공을 거두며 뮤지컬 영역에서 고급 인력이 부족했던 프랑스에 젊은 인력이 지속적으로 영입되는 계기를 마련했다. 그 결과 뮤지컬은 젊은이들이 새로운 도전을 꿈꿀 수 있는 예술의 영역으로 거듭났으며 자국 문화에 대한 자부심도 상대적으로 높아졌다. 프랑스의 뮤지컬들은 한국에서도 대부분 흥행에 성공을 거두었다.

프랑스 뮤지컬이 돋보이는 이유

프랑스 뮤지컬의 특징은 몇 가지로 나누어볼 수 있다.

첫째, 형식적인 측면에서 노래를 부르는 가수와 안무를 담당하는 댄서의 역할이 분리되어 있다는 점이다. 보통 뮤지컬 배우들은 노래를 부르면서 춤을 추기도 하고 연기를 하지만 프랑스 뮤지컬에서 배우들은 춤을 추지 않고 노래만 부르기 때문에 음악적인 완성도가 높고 무용수들의 춤도 전문성이 뛰어나다. 프랑스 뮤지컬에는 감상적인 프랑스 오페레타의 특징이 담겨있어서 가수들의 감성적인 몰입이 매우 중요하다. 연주되는 곡들은 대부분 음악적으로 완성도가 높을 뿐 아니라 가수들이 부르는 노래의 가사 또한 철학적인 의미가 담긴 작품들이 많기 때문이다. '노트르담 드 파리'에서도 배우들은 노래만을 부르고 댄서들은 무대에서 현대적인 춤을 역동적으로 표현하여 뮤지컬의 수준을 한층 높여주었다.

둘째, 프랑스의 뮤지컬은 대부분 대사 없이 노래로만 내용을 전달한다. 프랑스의 뮤지컬은 연극적인 요소들이 잔존해 있는 특징을 보여준다. 하지만 다른 국가의 뮤지컬과는 달리 그 내용을 모두 운율을 맞춘 가사로 작곡하여 극중 인물들의 관계를 통해 감정을 표현하며 이야기를 전개해 나간다. 그래서 가사를 보면 다른 뮤지컬보다 시적인 요소들이 훨씬 더 부각되는 측면이 있다. 특히 '십계'에서는 종교적이라는 무거운 내용을 전개되는 상황 속에서도 은유적인 표현을 사용하여 등장인물들이 내면에 지닌 감정을 풍부하게 전달하도록 구성해주었다.

셋째, 감성적인 운율을 지닌 샹송풍의 노래가 뮤지컬을 돋보이게 해준다. 프랑스의 샹송은 오랜 역사를 지니고 있어 프랑스인들의 뇌리에서 쉽게 떠나지 않는다. 그런 이유 때문인지 프랑스 뮤지컬 안에는 샹송적인 특징들이 곳곳에 살아 숨 쉰다. 전통적인 샹송들이 가사에 그 중요성을 부여하듯이 뮤지컬에서도 가사 전달을 위해 프랑스인들에게 익숙한 샹송풍의 리듬으로 운율에 맞춰 극의 내용을 담아낸다. 그래서 뮤지컬 속에 등장한 몇몇 곡들은 대중의 사랑을 듬뿍 받아 공연 이후에도 여러 매체를 통해 지속적으로 흘러나오고 있다.

넷째, 무대 장식이 단순하면서 조명을 통해 효과를 극대화시킨다. 무대를 사실적으로 묘사하여 장식하기보다는 가장 극적인 효과를 나타낼 수 있는 요소들을 단순한 오브제로 상징적으로 보여준다. 브로드웨이 뮤지컬은 화려한 측면들이 부각되지만 프랑스 뮤지컬의 무대는 심심할 정도로 공간적인 여유가 눈에 들어온다. 무대 장식은 단순하지만 이런 부분의 부족함을 탁월한 조명으로 독특하게 연출함으로써 전체적인 뮤지컬의 극적인 효과를 더욱 높여준다.

다섯째, 대중이 선호하는 소재로 뮤지컬 내용을 구성한다. 아무리 탁월한 작품일지라도 대중의 사랑을 받지 못한다면 몇몇 전문가들의 호평으로 공연이 마무리될 수밖에 없다. 프랑스의 뮤지컬은 역사 속 인물이나 고전소설을 각색함으로써 이미 대중들이 알고 있거나 예상할 수 있는 내용으로 구성하는 경우가 많다. 그런 이유로 공연은 파리에서만 이루어지지 않고 지방 도시들로 이어진다. 프랑스의 뮤지컬은 대부분 대형 극장에서 장기 상연될 정도로 대중의 사랑을 받는 내용들을 담고 있다.

대표적인 프랑스의 뮤지컬과 내용

노트르담 드 파리

'노트르담 드 파리'는 프랑스의 유명한 문학가인 빅토의 위고(Victor Hugo)의 작품을 각색한 뮤지컬이다. 캐나다 출신의 뤽 플라몽동(Luc Plamondon)이 극본과 가사를 담당했는데 그는 이 작품을 구성하기 위해 원작을 100번 이상 읽었다고 한다. 1998년 9월 팔레 데 콩그레 극장에서 초연하여 2000년대를 앞둔 프랑스인들에게 당시 그들의 현실을 투영해주며 미래를 생각하게 해준 작품이다. 일반적인 뮤지컬이 보여주는 화려한 무대 장치나 현란한 춤보다 장엄함과 애절한 사랑이 담긴 색다른 멋을 자아내며 종합예술의 면모를 보여주었다. 노트르담 성당을 배경으로 에스메랄다라는 집시여인을 두고 성당의 종지기이며 꼽추인 콰지모도와 성당의 주교인 프롤로, 그리고 근위대장인 페뷔스가 서로 갈등을 보인다. 이미 너무 유명한 원작이라서 스토리에 대한 설명이 다소 빈약한 편이지만 주요 등장인물들의 노래를 통해 극을 이끌어가며 원작의 느낌을 한껏 살려주는 과감한 형식을 취하고 있다. 노트르담 드 파리가 프랑스뿐 아니라 전 세계적으로 사랑을 받으며 성공을 거둔 요인은 무엇보다 감미로운 음악 덕분이라 할 수 있다. 뮤지컬의 묘미가 음악이라는 사실과 배우들이 곡을 부르며 쏟아내는 열정과 가사의 내용으로 연극의 한 장을 이루는 새로운 기법을 보여주었다. 배우들은 뛰어난 가창력으로 심금을 울리는 감성적인 곡들을 맛깔나게 소화함으로써 등장인물 간의 갈등과 감정을 멜로디에 실어 섬세하게 그려주었다. 또한 코러스로 등장하는 댄서들의 몸짓을 통해 등장인물의 노래로는 담아낼 수 없는 격정, 번민, 사랑 등을 온몸으로 표현해주었다. 노트르담 드 파리는 순간순간 아름다움을 그려내는 배우들의 노래와 댄서들의 춤이 서로 조화를 이루며 극의 효과를 극대화해준 작품이다.

십계

십계는 이스라엘 백성이 이집트로부터 탈출하는 과정을 그린 이야기이다. 2000년에 엘리 슈라키(Elie Chouraqui)의 연출로 한국에 내한 공연을 했던 이 작품은 실내 무대가 아닌 경기장이나 체육관에서 공연이 이루어져서 체육관 뮤지컬이라는 별칭이 붙기도 했다. 성경에서 이집트의 탄압을 받던 히브리 민족을 해방하라는 말씀을 들은 모세가 히브리인들을 이끌고 홍해를 건너 시나이산에서 하나님으로부터 십계명을 받게 되는 과정과 그 가운데 일어나는 사건들을 스펙터클하게 그려준 작품이다. 모세의 이야기를 모티브로 하여 사랑, 자유, 형제애를 담아낸 대서사시인 십계는 웅장하고 화려한 무대를 배경으로 심금을 울리는 멜로디와 관중 사이를 오가는 스펙터클한 전개 방식으로 세계 관객들의 놀라움을 자아냈다. 십계도 다른 프랑스 뮤지컬에서와 마찬가지로 정통 발레와 현대무용 그리고 브레이크 댄스까지 접목한 안무와 더불어 3차원 그래픽 기술로 새롭게 선보이는 이집트의 벽화들이 현장감을 더해주며 마치 현장에 있는 듯한 착각을 불러올 정도로 환상적이다.

십계 뮤지컬

로미오와 줄리엣

로미오와 줄리엣은 제라르 프레스귀르빅(Gérard Presgurvic)이 작사와 작곡을 맡아 각색한 프랑스의 대표적인 뮤지컬이다. 영국의 대문호인 셰익스피어의 작품이라서 프랑스적 정서가 듬뿍 담긴 '노트르담 드 파리'만큼 프랑스적이지는 않다. 그럼에도 불구하고 2001년 이후 수많은 관객들이 열광한 프랑스의 자존심을 드러내는 작품이다. 프랑스에서는 19세기부터 셰익스피어가 인기를 끌어 그의 작품들이 무대에 오르기 시작했다. 그래서 로미오와 줄리엣은 이미 여러 예술 장르로 표현되어 대중들의 사랑을 듬뿍

로미오와 줄리엣 뮤지컬

113

받은 작품이다. 뮤지컬 로미오와 줄리엣이 대중의 사랑을 받는 이유는 이미 오래전에 뮤지컬화로 시도되어 전설적인 뮤지컬의 레퍼토리로 인식되었기 때문이다. 탄탄한 원작을 기반으로 감미로운 음악을 가미한 극의 진행으로 프랑스 뮤지컬 특유의 구성 방식을 보여줌으로써 기존에 관객들의 머릿속에 자리 잡은 뮤지컬과 다른 이미지를 선사하여 전 세계 관객들의 마음을 사로잡았다. 클래식 발레에서 사교춤을 거쳐 서커스의 아크로바트적 움직임까지 배우의 노래에 맞춰 극적 효과를 높여주는 댄서들의 움직임은 무질서하게 보이지만 그 안에 축제와 갈등 그리고 사랑이라는 주제가 서로 녹아들어 내적 통일성을 드러낸다. 뛰어난 명작들은 대부분 영화나 뮤지컬로 각색하는 과정에서 원작을 기반으로 작품의 또 다른 해석자인 연출자의 의도에 따라 다소간 변형이 동반된다. 영국인 셰익스피어의 대작인 로미오와 줄리엣도 프랑스어권 연출자의 손에서 프랑스적인 요소가 가미되어 새로운 모습으로 재탄생했다. 공연의 막이 열리며 시작되는 '베로나(Vérone)'라는 곡에서 몬테규와 케플렛의 대립과 갈등을 붉은색과 파란색의 의상으로 표현하며 댄서들의 강력한 몸짓을 통해 두 가문의 갈등을 시각화함으로써 초반부터 대중의 시선과 마음을 사로잡아 뮤지컬에 온전히 몰입하도록 해주었다. 셰익스피어의 원작과 비교해 등장인물과 상황에 대한 독자적인 해석이 엿보인다.

태양왕

프랑스에서 인기를 끌었던 '십계'를 제작한 도브아티아(Dove Atia)와 알베르 코엔(Albert Cohen)이 프로듀서를 맡아 흥행에 성공한 태양왕은 프랑스의 절대군주인 루이 14세의 삶과 사랑을 그린 작품이다. 특히 절대군주인 루이 14세의 정치적인 측면보다 그가 만나 사랑을 나눈 여인들과의 이야기를 중심으로 낭만을 담았다. 어린 나이에 왕위에 오른 루이 14세는 어머니인 안느와 추기경 마자랭의 섭정을 받으며 허수아비 왕이 된다. 그 사이 프랑스는 잦은 전쟁과 과도한 세금으로 인해 점차 혼란 속으로 빠져들고 그런 와중에 성인으로 성장한 루이 14세는 대관식을 치르는데 축하 무도회에서 마자랭의 조카인 마리 만치니를 우연히 만나 열렬한 사랑에 빠지지만 두 사

람은 정략결혼을 강요하는 마자랭과 안느 대비로 인해 이별하게
된다. 안느 대비가 세상을 떠난 후 마자랭은 요부인 몽테스팡을
루이 14세에게 소개시켜주는데 몽테스팡은 루이14세의 몸과 마
음을 얻게 되자 그에게 집착하며 음모를 꾸민다. 루이 14세와 정
략 결혼한 왕비가 세상을 떠나자 시녀였던 프랑소와즈는 루이와
몽테스팡 부인의 아이들을 돌보는 가정교사로 채용되는데 그녀
의 훌륭한 인품과 내면의 아름다움에 끌린 루이 14세는 '짐이 곧
국가다'라는 태양 군주의 굴레를 벗고 몽테스팡을 내쫓고 프랑소
와즈와 진정한 사랑을 나누며 행복한 삶을 이어간다.

태양왕 뮤지컬

태양왕은 프랑스가 절대 왕정을 행사하며 가장 화려했던 시대를 배경으
로 하고 있다. 그래서 웅장한 무대와 고풍스러운 의상으로 배우들의 노래가
돋보이도록 할 뿐 아니라 프랑스 뮤지컬 특유의 감미로운 음악이 발레, 아
크로바틱, 폴댄스 등 현대적인 안무와 어우러져 화려했던 과거의 절대 왕정
시기를 재현하는 듯한 분위기를 자아낸다. 뮤지컬 태양왕의 특징을 대표하
는 전체적인 음악은 마치 영화 사운드트랙처럼 작곡되었다. 노래와 연주곡
뿐 아니라 무대 위 여러 장면들이 스토리를 통해 명확해지도록 연출되었다.
따라서 프랑스 뮤지컬의 새로운 영역을 열었다고 할 수 있다. 지금까지 뮤
지컬에서 들려준 음악과는 색다른 음악을 선사하며 웅장한 사운드를 연출
한 작품이다.

1789 바스티유의 연인들

프랑스 혁명을 통해 인권선언이 이루어지기까지의 과정을 루이 16세,
마리 앙투아네트, 로베스 피에르 등 실제 역사적인 위인들을 등장시켜 절
대왕권과 혁명군이라는 두 진영이 취하는 입장을 보여준다. 딱딱한 역사적
인 사건들을 두 진영의 남녀를 통해 여러 각도에서 그려주며 주인공들의 로
맨스를 더한 작품이다. 1789년 프랑스 파리는 오랜 기근과 귀족들의 사치로
인해 힘든 상황에 처하고 시민들은 향락에 빠져 국고를 탕진한 왕비 마리
앙투아네트와 루이 16세에 반기를 들며 혁명을 일으킨다. 소작농의 아들인

로낭은 부당한 죽음을 당한 아버지의 복수를 위해 누이동생 솔렌느와 파리로 향하고 그곳에서 로베스피에르를 만나 평민 혁명가로 거듭난다. 한편 귀족 출신으로 왕실 가정교사인 올랑프는 로낭과 사랑에 빠지는데 올랑프의 실수로 로낭이 감옥에 갇히자 로낭을 구하기 위해 바스티유 감옥으로 뛰어든다.

이 작품은 앞서 공연된 프랑스 뮤지컬의 전형을 따르면서도 독특한 구성으로 인기를 모았다. 무엇보다 고증에 충실한 대본을 기반으로 당시 시대상을 반영한 의상 그리고 프랑스 뮤지컬의 특징이라고 할 수 있는 감미로운 음악과 춤, 극의 절정을 이루는 바스티유 감옥의 사진을 비디오 영상과 이동식 세트를 활용하여 3D 영상을 보듯 구성하였다. 댄서들이 보여주는 고난이도의 몸동작은 작품 전체의 예술적 수준을 높여주었다. 노래로 대사를 대신하는 전형적인 프랑스 뮤지컬과는 달리 대사가 많지 않은 것은 또 다른 매력이라 할 수 있다.

4 프랑스 샹송(La chanson français)

프랑스는 예술의 나라라는 타이틀에 걸맞게 오래전부터 세계 각국의 예술가들이 파리로 몰려들어 창의적인 예술혼을 불태웠다. 특히 샹송은 유명한 문학가인 볼테르(Voltaire)가 "프랑스 사람들처럼 아름다운 노래를 가진 국민은 없다."고 할 정도로 프랑스 사람들에게 커다란 자부심을 안겨 주는 예술 장르이기도 하다. 프랑스인들은 유럽의 다른 국가가 지니지 못한 감수성을 지니고 있으며 이러한 감성은 즐겨 부르는 노래 속에서 살아 숨 쉰다. 특히 요즘 프랑스는 이민자들을 수용하면서 직면한 새로운 '정체성'의 문제들을 '랩'이라는 음악 장르를 통해 표현하기도 한다. 한국도 마찬가지이지만 프랑스에서 샹송은 단순한 문화적 산물이 아니다. 샹송은 노래를 통해 사회에 무엇인가 메시지를 전하는 일종의 발언이다.

상송 프랑세즈

'샹송(chanson)'이란 한국어로 '노래'를 뜻한다. 보통 샹송을 프랑스의 대중가요로만 알고 있다. 하지만 샹송은 프랑스어로 된 세속적인 가곡을 통칭하는 표현이다. 샹송은 시기별로 크게 둘로 나누어진다. 중세부터 르네상스시기까지 주로 예술가들이 만들어 불렀던 샹송을 '학술적 샹송(chanson savante)'이라 하고 17세기 이후부터 대중을 대상으로 창작된 민요풍의 샹송을 '대중적 샹송(chanson populaire)'이라 한다. 현대 프랑스의 샹송은 혁신적인 언어와 문화의 실제를 보여주며 문화적 지표를 구성하기도 한다. 프랑스인들에게 샹송은 지식의 대상이 아니라 지식의 전달자, 즉 어떤 메시지를 방법론적, 문화적, 심지어 실존적으로 전달하는 중재자의 역할을 한다. 하지만 모국어에 미숙한 이민자나 외국인에게 샹송은 다른 텍스트와 마찬가지로 프랑스어를 탐구하도록 문을 열어주는 초대장과 같다. 샹송에 깃들어 있는 정서들을 음미하기 위해 샹송이 특정인들이나 일반인들로부터 사랑을 받았던 장소들을 따라 순례하며 그 흐름을 살펴보도록 하자.

우선 샹송은 종교적인 장소인 수도원에서 비롯되었다. 다양한 의식에 사용되던 교회의 선율들은 구전으로 보존되다가 필사본으로 기록되었다. 그 가운데 9세기에 프랑스어 텍스트로 지어진 '성녀 욀랄리의 찬가(Cantilène de sainte Eulalie)'가 유명하다. 하지만 진정한 샹송의 시작은 '롤랑의 노래(Chanson de Roland)'라고 할 수 있다. 전쟁터에서 직접 불리지는 않았으나 샤를마뉴대제 당시 충직한 신하였던 롤랑의 영웅적인 이야기를 담은 최고의 무훈시이다. 이처럼 전쟁터를 배경으로 창작된 '샹송 드 제스트'[45]는 중세 시대인 12세기에 들어

"Belle, com loiaus amans", chanson courtoise de Jehannot de Lescurel (XIIIe/XIVe siècle)
MS Français 146 (1301-1400) chansons et compositions de Lescurel annexées au Roman de FAUVEL , BnF, département des manuscrits

Moyenagepassion.com

A la découverte du moyen-âge sous toutes ses formes

중세시대의 샹송 사본

---

45) 샹송 드 제스트(chanson de geste)는 동일한 운(韻)이 아주 길게 계속되며 자유롭게 여러 길이의 부분으로 나누어졌고 연속되는 긴 행을 가진 이야기 형식의 영웅가로 11세기의《롤랑의 노래 La chanson de Roland》가 대표적이다. (두산백과참조)

서 남쪽과 북쪽의 음유시인들 덕분에 이곳저곳으로 퍼져나갔다. 음유시인들은 전쟁시에는 용맹하게 싸우다가 평화가 찾아오면 봉건 제후들의 궁정을 돌아다니며 운율에 맞춰 궁정의 사랑을 담은 자작시[46]를 노래처럼 읊었다. 북프랑스 쪽에서 활약한 음유시인을 트루베르(Troubère)라 칭한 반면 남프랑스를 무대로 활약한 음유시인은 트루바두르(Troubadour)로 불렸다. 샹송의 특징인 쿠플레(Couplet)와 반복되는 후렴구인 르프랭(Refrain)으로 이루어지는 샹송의 기본 형식이 형성된 시기였는데 당시 단선율이었던 노래는 기욤 드 마쇼(Guillaume de Machaut), 질 뱅슈아(Gilles de Binchois) 등의 작곡가들의 등장으로 차츰 다성가곡으로 변해갔다. 트루베르와 트루바두르가 귀족들을 대상으로 샹송을 전했던 반면 사람들이 모인 곳에 나타나 곡예나 재주를 부리면서 노래를 불러 돈을 벌었던 하급음유시인인 종글레르(Jongleur)도 있었다. 이들 덕분에 대중도 샹송을 접할 수 있는 기회를 얻었다. 전쟁터를 배경으로 남성들이 샹송으로 시적인 언어를 전해주었다면 당시 여성들은 물레를 돌리며 일명 '물레의 노래'라는 '샹송 드 트왈르(chanson de toile)'로 힘든 마음을 달래며 위로받았다. 여성들은 집에서 물레를 돌려 실을 뽑아 옷감을 짜면서 겪는 힘든 노동이나 남편에게 받는 수모를 노래에 담아 표현했다.

특정 그룹의 사랑을 받던 샹송은 16세기로 접어들면서 악보 출판의 영향으로 대중들에게 가까이 다가가는 자유로운 형식의 샹송들로 변화되었다. 구전 예술로 평가받던 샹송은 17세기로 접어들면서 센 강에 새로 세워진 퐁네프 다리를 중심으로 노래를 직업으로 삼는 샹소니에(chansonnier)들이 직접 만든 풍자적인 노래를 부르거나 악보를 판매했다. 당시 샹송은 주로 사회나 정치를 풍자하는 내용을 담고 있었다. 예술적으로 화려한 시기를 보냈던 벨에포크(belle époque) 시대에는 문학과 연극 카페들이 한창 늘어났다. 이런 분위기에 힘입어 식료품점을 운영하던 피에르 갈레(Pierre Gallet)

---

46) 샹송 쿠르투와즈(chanson courtoise)는 로마의 서정시의 영향을 받은 장르이다. 이전의 구전 시를 계승하기보다는 궁정에서 일어나는 사랑을 주제로 다루고 있어서 대중적이지는 않다. 주로 남성들이 작곡한 이 시들은 여성의 주관성을 표현하지만 사랑은 여성에 의해 테스트되고 노래되기 때문에 여성 노래라고 불린다

는 1729년 카바레 거리에 있는 카페에서 정기적으로
모임을 갖다가 '카보 협회(Sociétédu Caveau)', 일명
카보(Caveau)를 설립하였다. 그곳에 모인 부유한 부
르주아들은 맛있는 음식을 즐기며 주제에 맞춰 즉흥
적으로 샹송을 만드는 놀이를 즐겼다. 카보에 다양한
예술가들이 드나들면서 자연스럽게 유명한 샹소니에
들도 늘어났다. 당시 카보가 배출한 샹소니에 중에서
피에르 장 드 베랑제(Pierre-Jean de Béranger)가 인
기를 끌었다. 베랑제는 왕정 복고와 구체제를 반대하

샹소니에 장 드 몽슈뉘(Jean de Montchenu)의 심장형태의 악보

는 목소리를 강하게 냄으로써 투옥이 되기도 했으나 오히려 이러한 행동으
로 인해 유명세를 얻어 그의 샹송은 민중의 목소리를 대변하는 곡으로 인기
를 누렸다.

　프랑스의 모든 상황을 변화시켰던 혁명의 기운
이 샹송의 세계에도 영향을 미쳐 일종의 선술집 같
은 고게트(goguette)나 갱게트(guinguette)를 중
심으로 정치적인 색채가 강한 노래들이 선을 보였
고 이곳에서는 식사와 더불어 샹송을 부르며 술을
마시고 사교와 오락도 곁들여졌다. 고게트의 회원
을 고게티라 불렸는데 이곳은 주로 노동자들이 자
주 드나들어 서민적인 분위기를 풍겼다. 당시 샹송
의 분위기는 서정적이라기보다는 선전의 수단처

1844년 고게트 모습

럼 정치적인 내용이 강했다. 그러다 19세기로 접어들며 나폴레옹 3세가 고
게트의 출입을 금지하고 급기야 폐쇄를 명하자 풍자를 담은 정치적인 샹송
은 모습을 감추고 감성적인 샹송들이 고개를 들기 시작하였다.[47] 그런 분위
기로 인해 고게트 대신 서정적 분위기의 카페 콩세르(café-concert)가 우아
하게 식사를 하며 샹송과 춤으로 이루어진 공연을 감상하는 장소로 떠올랐

---

47) 이 시기 파리 코뮌의 상징이 되기도 한 장 밥티스트 클레망(Jean-Baptiste Clément)의 '체리의
계절(Le temps des cerises)'이 유명하다.

다. 예술가들은 이곳을 자주 드나들며 예술적 영감을 얻었는데 특히 드가가 그린 여러 편의 카페 콩세르 그림을 통해서도 알 수 있다. 일정한 수업이 없어 거리에서 노래를 부렸던 가수들은 카페 콩세르의 발달로 안정적인 직장생활을 할 수 있었다. 그 결과 이곳에서는 이름을 날리는 스타가수들도 생겨났고 이베트 길베르(Yvette Guilbert)처럼 샹송의 창법(diction)을 정리한 인물도 탄생했다. 길베르는 리듬을 살리면서도 가사의 내용을 또박 또박 전하는 창법으로 이야기하듯 노래하는 현대 샹송 창법을 확립하여 후배들에게 영향을 주었다.

카페 콩세르, 드가 그림

카페 콩세르와 함께 서서히 생겨나거나 기존의 카페 콩세르에서 카바레로 변경한 여러 카바레(cabaret)도 샹송 보급에 한몫을 담당했다. 풍자적인 희극이나 쇼와 함께 식사를 즐기는 장소인 카바레로 다양한 예술가들이 모여들었다.

최초의 카바레는 1878년 에밀 구도(Emile Goudeau)가 '물치료 요양자 클럽(Cercle des Hydropathes)'이라는 모임을 만들어 시작했는데 이곳을 통해 샹송이 보급되고 발전했다. 이후 로돌프 살리(Rodolphe Salis)가 몽마르트에 문을 연 '검은 고양이(Le Chat Noir)'라는 카페가 주목을 받았다. 이곳에서는 아리스티드 브리앙(Aristide Bruant)이라는 가수가 서민들의 삶을 노래하여 '사실적 샹송(Chanson réaliste)'의 전통을 만들었다. 또한 유명한

화가인 로트렉(Henri de Toulouse-Lautrec)이 주로 작품의 배경으로 삼았던 '물랭루즈(Molin Rouge)'는 한국어로 '붉은 풍차'라는 뜻인데 건물 옥상의 풍차모양이 붉은 네온사인으로 빛나서 붙여진 이름이다. 물랭 루즈는 카페 콩세르에서 카바레로 바뀌면서 유명세를 탔다. 물랭 루즈의 창시자는 조제프 올레(Joseph Oller)이다. 교양있는 신사였던 올레는 '가장 크고 아름다운 카바레'를 만들겠다는 야망을 품고 '캉캉춤'을 선보였다. 이 매력적인 장소는 프랑스의 주요 상징 중 하나로 세계에서 가장 유명한 카바레가 되었다. 카바레를 드나들던 다방면의 예술가들은 시를 낭송하고 노래를 부르기도 했다. 그중에서 그림을 그리는 화가들은 그곳을 배경 삼아 작품을 완성하고 자신의 그림들을 전시하는 예술적 실험실로 카바레를 활용했다.

파리의 물랭 루즈 카바레

샹송을 찾는 사람들이 늘어나고 유명한 스타들이 탄생하면서 더 많은 관객을 수용할 수 있는 뮤직홀들이 필요했다. 그러면서 공연의 내용도 차츰 샹송 이외에 서커스, 춤, 광대극 등 다양한 버라이어티 쇼들이 등장했다. 첫 뮤직홀의 탄생은 놀이기구와 연관이 있다. 1888년, 유명한 물랭 루즈의 공동 설립자인 조제프 올레는 파리 9구 카푸신 대로 28번지 마당에 그의 감

각적인 놀이기구를 보관하기로 결정했다. 그러다가 그는 그 장소들을 다른 방식으로 투자하기로 마음먹고 그곳에 공연장을 짓기 시작하여 5년 후인 1893년 4월에 올랭피아를 세웠다. 첫 무대에는 유명한 캉캉 춤 댄서들과 곡예사 등이 출연했고 다양한 프로그램들이 선보였다. 뮤직홀의 대명사가 된 올랭피아는 1993년 파

프랑스 카바레의 캉캉춤

리 역사 유적으로 지정되었다. 뮤직홀은 노래만으로 쇼를 구성할 수 없었기에 샹송은 초기에 중요한 위치를 차지하지 못했고 오히려 현란한 캉캉 춤이나 동물이 등장하는 서커스 등이 인기를 끌었다. 그래서 공연은 가수나 연예인이 차례로 등장하여 노래나 연기를 펼치는 '투르 드 샹(Tour de chant)'과 '르뷔(revue)'로 무대 구성 방식이 바뀌었다. 르뷔는 대규모 형식인 뮤직홀의 무대에 걸맞게 현란한 의상을 입은 무용수들이 노래와 춤을 곁들이는 방식이다. 이로 인해 샹송 가수들은 노래만 부르는 것이 아니라 춤도 잘 추는 재능이 필요해졌다.

에디트 피아프 기념 우표

1930년대부터 다양한 음악적인 성과에 힘입어 현대적인 샹송은 프랑스의 대표적인 국민가수인 에디트 피아프(Edith Piaf)의 등장으로 최고의 절정을 이룬다. 이 시기는 프랑스 샹송의 발달사에서 중요한 의미를 갖는 시기일 뿐만 아니라 장소를 중심으로 전파되던 샹송이 차츰 매체와 결부되기 시작한 시기이기도 하다. 당시 디스크 대상이 제정되어 레코드를 통해 그리고 라디오 방송을 통해 샹송이 대중적으로 보급되었고 민간 방송국들이 세워짐으로써 샹송이 전파를 타고 흘러나오면서 사람들은 샹송 공연을 하는 장소를 찾아가지 않아도 샹송을 즐길 수 있게 되었다. 이후 유성 영화의 발명으로 프랑스에서 유성 영화가 제작되며 1930년에 르네 크렐 감독의 유성 영화 제1작인 '파리의 지붕 밑'이 만들어져 그 주제가가 대히트하며 샹송이 영화와 연결되었다. 샹송은 이처럼 점차 영화의 주제가로 삽입되기도 하는 등 장소에 구애받지 않고 새로운 매체를 통해 프랑스인들에게 사랑을 받았다. 또한 재즈나 이탈리아풍의 라틴 음악 혹은 미국의 팝송의 영향으로 샹송의 기법에 변형이 가해졌지만 샹송 가수들은 기본적인 틀을 유지하려 노력했다. 하지만 시대가 변하고 여러 타문화의 영향을 받는 젊은이들의 관심을 읽지 못한 탓인지 특정 장소를 통해 프랑스인들의 사랑을 한 몸에 받았던 샹송의 인기도 차츰 시들어져 갔다. 요즘 프랑스의 젊은이들은 프랑스의 전통 샹송에 대한 관심을 많이 잃어버렸다. 그래서 1996년부터 프랑스에서는 '샹송 쿼터제'를 실시하는 등 자신들의 고유한 샹송을 보호하려고 노력하고 있다.

'Non, je ne regrette rien
(아니, 나는 후회하지 않아)'

늘 심장이 두근두근 뛰는(Padam Padam) 삶을 살다 간 에디트 피아프

샹송의 최고 절정기를 이루었던 시기에 가장 인기를 모았던 가수인 에디트 피아프는 그 삶이 짧고 강렬했다. 하지만 그 짧은 행복의 순간에도 불운은 그녀를 놓아주지 않았다. 불우한 어린시절을 보내야 했던 피아프는 자신의 삶을 온전히 사랑과 청중을 위해 바쳤다.

피아프는 1915년 겨울 파리의 벨빌(Belleville)에서 거리의 가수인 어머니와 순회 서커스단 곡예사였던 아버지 사이에서 태어났다. 그녀가 태어난 거리는 '아름다운 도시'라는 뜻을 지닌 거리였으나 개인적인 삶은 그렇게 아름답지만은 않았다. 어린 시절 어머니는 생계를 핑계로 피아프를 버렸고 아버지는 딸의 안전을 위해 노르망디에서 포주로 삶을 살아가는 자신의 어머니한테로 피아프를 보냈기 때문이다. 피아프는 이유도 모르는 채 어린 시절 외로움에 직면해야 했다. 8세 때에는 각막염을 앓아 장님이 될 뻔했으나 기적적으로 회복되었다. 전쟁이 끝난 후 피아프는 아버지와 함께 거리를 떠돌며 노래를 불렀다. 그러다 떠돌이 생활에 지친 15세의 피아프는 스스로의 삶을 살기 위해 그 생활을 청산하고 첫사랑인 루이 뒤퐁(Louis Dupont)을 만나 아들을 낳지만 두 살에 뇌수막염으로 아들은 세상을 떠난다. 상처를 받은 피아프는 다시 파리로 돌아와 피갈과 벨빌 거리를 돌며 노래를 불러 생계를 유지했다. 거리에서 노래하는 피아프를 눈여겨본 루이 르플레(Louis Leplée) 덕분에 그가 관리하는 카바레에서 '짹짹거리는 계집애(La Môme Piaf)'라는 애칭으로 활동하기 시작했다.

에디트 피아프가 출생한 집

몸집이 왜소하고 키가 작은 피아프였지만 무대에만 서면 그 누구도 흉내 낼 수 없는 목소리로 강렬함을 청중들에게 안겨주었다. 덕분에 예술의 도시 파리에서 빠르게 주목받았다. 하지만 그녀를 카바레로 인도했던 루이 르플레가 암살을 당하자 온갖 의심 속에 휘말려 피아프는 그녀의 경력뿐 아니라 삶이 상처로 얼룩져 더 깊은 수렁으로 빠져들었다.

피아프는 레이몽 아소(Raymond Asso)의 배려로 첫 계약을 맺고 대형 뮤직홀에서 공연을 위한 준비에 들어갔다. 다행히 공연이 성공을 거두면서 피아프는 스타로 빛을 내며 새로운 지평을 열고자 분투했다. 그런 과정 중에 피아프는 연기자인 폴 뫼리스(Paul Meurisse)와 2년 동안 연인관계를 유지했다. 이후 1944년 이브 몽탕(Yves Montand)을 만나면서 그를 예술가로 성장시키는 과정 중에 그와 사랑에 빠진 이후로 이들의 관계는 계속 세간의 주목을 받았다. 피아프는 작사에도 뛰어난 재능을 드러냈으며 연극과 영화에도 출연하였고 전쟁 이후에도 이러한 활동은 지속되었다. 하지만 성공을 하면 할수록 피아프의 마음속은 외로움과 더 큰 성공을 위한 갈망으로 가득 찼다. 그래서 피아프는 더 큰 무대를 향해 1947년 미국으로 건너가 공연한다. 미국인들의 눈에 작고 보잘것없는 샹송 가수였던 피아프였지만 무대에만 서면 그 누구도 따라올 수 없는 열정을 뿜어내자 미국인들은 모두 피아프에게 매료되어 미국에서도 성공을 거둔다. 그곳에서 피아프는 기혼자이며 권투선수인 마르셀 세르당(Marcel Cerdan)을 만나 서로의 열정을 불태우며 영원한 사랑을 약속하지만 뉴욕에서 공연하는 피아프를 만나러 오던 마르셀이 비행기 사고로 사망하면서 또 다시 절망에 빠져 우울증까지 겪는다. 다행히 '사랑의 찬가(L'hymne à l'amour)'로 떠나간 연인에게 사랑을 바치며 슬픔으로 산산이 부서진 그녀의 마음은 절망감에서 차츰 벗어나는 듯했다.

파리 올랭피아

1950년부터 다시 모습을 드러내며 샤를르 아즈나부르(Charles Aznavour)와 더불어 활동하지만 이듬 해 자동차 사고로 고통을 이기기 위해 마약 중독에 빠져 다시 늪으로 빠져들었다. 이 모든 상처에서 벗어나려고 프랑스 가수인 자크 필(Jacques Pills)과 뉴욕에서 결혼도 해보았으나 그리 오래가지는 못했다. 이후 피아프는 중독 치료에 집중했고 언론에 모습을 드러내지도 않았다. 피아프는 상처를 털고 일어나 1955년 올랭피아 무대에 올라 관객들을 다시 만나며 점차 예전의 모습으로 돌아갔다. 그 사이 조르주 무스타키(Georges Moustaki)와 다시 사랑에 빠지기도 했는데 3년 후 피아프가 다시 교통사고를 당하자 조르주는 그녀의 곁을 떠나고 만다. 피아프는 사랑에 대한 배신감을 이기지 못하고 다시 몰핀에 의존하다가 결국 건강을 잃고 말았다. 그런 와중에도 1961년 재정 상태가 파산 직전인 올랭피아를 구하기 위해 다시 무대에 올라 영원히 기록될 아름다운 노래인 'Non, je ne regrette rien(아니, 나는 후회하지 않아)'를 부르며 다시 한번 그 이름을 대중의 가슴에 새긴다. 그해 여름 26세인 젊은 그리스 가수 테오 사라포(Théo Sarapo)를 만나 결혼하고 그가 지켜보는 가운데 1963년 10월 10일 세상을 떠난다. 당시 그녀의 나이는 겨우 47세였다. 그녀는 살아있는 동안 내내 청중들을 위해 그리고 여러 연인들을 위해 살아간 인물이다.

기자 겸 작가인 자크 페시스(Jacques Pessis)의 말에 따르면 '그녀는 무대에 올라 마이크 앞으로 나아가서 16분 동안 박수갈채를 받았다. 공연 역사상 이런 광경을 본 적이 없다. 피아프는 샤를르 뒤몽(Charles Dumont)이 그녀를 위해 작곡한 새로운 타이틀 곡을 불렀는데 그 중 'Non, je ne regrette rien'이 놀라운 성공을 거두었다. 자크 페시스는 '피아프는 거리에서 태어났기 때문에 대중들에게 감동을 주는 노래, 가사, 음악적 감수성을 알고 있었다'고 회상했다. 그는 피아프의 인생을 회고하며 이렇게 마무리했다. '피아프는 후회하지 않았고, (...) 오직 무대만을 위해 살았다.'[48] 자신의 온 인생을 무대에서 불태우며 자신을 사랑하는 사람들을 위해 살아갔던 에디트 피아프. 프랑스 샹송의 역사 속에서 늘 '빠담 빠담' 가슴 뛰게 하는 가수로 남을 것이다.

5 가구음악 (La musique d'ameublement)

삶 속에 녹아든 예술, 누구나 꿈꾸는 바이지만 우리는 늘 예술과 삶을 이분화시켜 생각한다. 사실, 우리는 의도치 않은 순간에 회화나 음악, 혹은 건축 같은 예술과 마주하게 된다. 프랑스 클래식 음악의 영역에서 에릭 사티는 오래전부터 삶 속에 녹아든 예술에 대해 고민하며 '가구음악'이라는 너무나도 생소한, 그리고 기발한 음악의 장르를 탄생시켰다. 에릭 사티가 말하는 가구음악이란 음악이 마치 공기, 빛, 햇살 같은 역할을 담당하는 것을 의미한다. 이런 음악을 탄생시킨 에릭 사티의 악보에는 어떤 이야기가 담겨 있을까? 그가 보여준 삶의 연주를 들어보도록 하자.

에릭 사티

에릭 사티는 아방가르드 음악의 개척자이다. 아방가르드란 군사용어에서 비롯되었는데 군부대를 위해 길을 터주는 전위대를 의미한다. 하지만 이 용어가 예술 분야에서 사용되면 새로운 시도를 시작함을 뜻한다. 1866년 프랑스의 옹플레르(Honfleur)에서 태어난 사티는 음악 역사상 가장 특이하고 신비로운 작곡가 중 한 사람이다. 어머니를 일찍 여의고 새어머니로부터 피아노를 배워 파리 음악원에서 음악 수업도 받았지만 체계적인 교육 시스템에 적응하지 못해 자퇴를 한 뒤 군에 입대하여 복무했다. 하지만 의도치 않

에릭 사티의 가구 음악

48) https://www.linternaute.fr/musique/biographie/1777430-edith-piaf-biographie-de-la-mome-de-la-chanson-francaise/참조

게 폐결핵에 걸려 결국 강제로 제대를 하고 말았다. 이후 1887년 몽마르트에 자리 잡은 사티는 전형적인 예술가의 삶을 살았다. 적은 수입으로 생활해야 했던 그는 카페 콩세르와 카바레를 드나들며 피아노를 연주했다. 그러면서 피아노곡들을 주로 작곡했는데 그의 작곡 유형은 주로 세 가지 시기로 나누어진다. 첫째는 장미십자회(Rose-Croix)⁴⁹⁾와 중세 연극의 영향을 받거나 부드러운 왈츠 혹은 카페 콩세르의 영향을 받아 기존의 틀을 벗어나 자유로움을 표현한 시기로 대표작으로 '짐노페디'를 들 수 있다. 둘째로는 그가 작곡한 곡의 명칭에서도 알 수 있듯이 유머러스한 시기이다. 대표적으로 '승마복을 입고(En habit de cheval)등이 있다. 셋째는 다소 절충적인 시기로 '가구 음악'곡이나 영화를 위한 곡과 유머러스한 곡을 오가다가 결국은 카페 콩세르 스타일로 돌아오는 시기로 구분된다.

1917년 사티는 최초로 '가구음악'을 시도했다. 하지만 대중들에게 본격적으로 이 음악을 선보인 것은 1920년이었다. 사티는 예술적인 음악과 가구 음악을 구별하였다. 예술적인 음악은 연주에 집중하며 주의 깊게 들어야 하기에 배경음으로 사용되기에 적합하지 않지만 가구음악은 소비자인 관객을 대상으로 그들의 필요에 부응하도록 작곡된 음악이다. 사티는 가구음악을 실험하기 위해 연주 중간 휴식 시간을 활용해서 관객들이 음악에 집중하지 않고 살롱이나 비스트로에 있는 장식품을 보듯 편안히 흘러가는 곡을 느끼도록 했다. 그래서 관객들이 평소처럼 돌아다니고, 이야기를 나누고, 술을 마시도록 한 채 연주자들이 사방으로 흩어져 구석에서 두 곡을 연주했다. 하지만 관객들은 사티가 원하는 대로 행동하지 않았다. 그들은 음악이 시작되자 재빨리 자리로 되돌아왔기 때문이다. 이 광경을 본 사티는 "말을 하세요. 그냥 빙빙 돌아다녀요! 듣지 말라고요!"라고 외쳤다. 하지만 관객들은 입을 꾹 다문 채 아랑곳하지 않고 연주를 열심히 경청했다. 급기야 이 연주회를 주최했던 피에르 베르탱은 관객들에게 이 음악에 집중해서는 안 되며 음악이 없는 듯 행동하도록 부탁했다. 마치 갤러리의 그림이나 그냥 놓

---

49) 17세기 초 독일에서 생긴 신비주의 경향의 비밀결사

여 있는 의자처럼 음악을 생각하라고 당부했다. 가구 음악은 배경처럼 자연스럽고 단순하며 반복적인 리듬을 살린 음악이다. 대표적으로 고대 그리스의 종교축제를 의미하는 '짐노페디(Gymnopédies)로 이 곡은 당시 유럽에서 화려한 기교와 풍부한 감정표현 등으로 인기를 끌었던 독일의 낭만주의 음악의 형식과 고정관념에서 벗어나 존재감 없이 편안한 음을 반복적으로 연주하도록 작곡되었다. 사티는 기존 형식의 틀을 벗고 자유롭게 독특한 자신만의 새로운 음악적 영역을 펼쳐보려 했다.

에릭 사티가 장콕토에게 보낸 편지에 그린 그림 (1917년)
'집에 있는 사티씨, 그는 생각하고 있다.'라는 글이 적혀있다.

내성적인 성격을 지닌 사티였지만 카바레에서 연주하며 장 콕토, 피카소 등 유명한 예술가들과 교류했다. 사티는 장 콕토에게 보낸 1920년 편지에서 가구 음악에 대해 이렇게 서술하고 있다.

"우리는 '실리적' 필요를 충족시켜주는 음악을 만들고 싶습니다. 예술은 이러한 필요 속으로 들어가지 않습니다. '가구음악'은 전율을 유발합니다. 다른 의도는 없습니다. 마치 온갖 형태로 표현되는 빛, 따스함 그리고 편안함과 같은 역할을 합니다."[50]

---

50) Satie Erik, 『Correspondance presque complète』, Ornella Volta éd., Paris, Fayard/IMEC, 2000.

선견지명이 있던 사티는 당시 사람들이 일상적인 활동을 하며 함께 할 수 있는 음악, 심지어 '장식'처럼 깔리는 배경 음악의 필요성을 명백히 깨달았다. 하지만 생각이 너무 앞선 탓인지 그 시대 사람들은 그를 거들떠보지 않았다. 너무나 전위적이고 생소해서 음악적인 평가에서도 밀려나 사티의 곡을 연주하려는 연주자들도 드물었다. 현대에도 몇몇 곡을 제외하고 여전히 살짝 아리송한 에릭 사티의 작품은 혼란스럽고, 재미있고, 감동적이며, 도발적이다. 그는 음악을 측정하고 조작하고 소비하는 것으로 여겼다.

'가구음악'에 대한 사티의 생각은 연주를 신성시하며 듣는 행위를 바꾸도록, 오히려 음악이 우리 삶의 이런저런 순간에 배경음으로 들어갈 수 있음을 보여주었다. 다시 말해, 그는 동시대인들에게 그들이 수 세기에 걸쳐 시각적인 영역(장식)으로 받아들였던 것을 청각적 분야(가구음악)로 변화시키도록 길을 열어주었다. 삶의 영역에서 살짝 방향을 바꾸어 생각했을 뿐이지만 사티가 말하듯 음악은 감탄하며 바라보기 위해 만들어진 예술 작품이기도 하지만 또 한편으로 우리 삶의 이런저런 사건들을 빛내주기 위해 무한히 반복되는 단조로운 모티브로 작용할 수도 있다.

11 프랑스 단어에 담긴 음식 이야기

에스카르고 드 부르고뉴

　요리하면 떠오르는 나라는 누가 뭐라해도 프랑스일 것이다. 다양한 소스로 풍미를 더해주는 코스 요리뿐 아니라 인생의 달콤함을 느끼게 해주는 디저트까지 그야말로 요리의 천국이다. 하지만 프랑스에서 처음부터 요리가 예술로 평가를 받은 것은 아니다. 프랑스에서 요리는 그저 '허기'를 채우는 식사에 불과했었다. 초기 프랑스 요리는 여러 사람들이 공동체 생활을 했던 수도원을 중심으로 저장식품(치즈, 포도주, 약, 사탕 등) 위주로 발달했고 서민들은 곡류 위주로 배고픔을 달랬다. 프랑스의 요리가 본격적으로 '요리'로 평가 받기 시작한 시기는 르네상스 시기이다. 이탈리아 피렌체의 카트린 드 메디치가 앙리 2세와 결혼하면서 문화적으로 앞섰던 이탈리아의 요리 문화를 함께 들여왔다. 그녀가 데려온 요리사를 통해 새로운 식사 재료, 식탁 문화, 새로운 스타일을 선보임으로써 프랑스는 요리에 새역사를 쓰게 되

카트린 드 메디치

었다. 이후 식사 때마다 엄격한 예절과 스펙터클한 식사 문화를 선보인 루이 14세는 유럽 전체에 프랑스 왕실의 문화적 우월성과 풍요로움을 보여주기 위해 성대한 연회식 식사를 즐겼다. 오트 퀴진은 '고급 요리'를 뜻하는데 왕족과 귀족들의 식도락에서 유래한 것이다.

지역의 서민들이 먹던 전통적인 가정식이나 외부에서 들여온 음식 재료들을 활용하여 궁정 요리사들이 세심하게 손질하고 예술적인 창의력을 가미하여 프랑스의 전통 요리로 재탄생시킨 럭셔리한 요리이다. 허기를 채우는 것이 아닌 배부른 자들의 음식문화인 만큼 맛과 더불어 눈을 즐겁게 하는 세련된 스타일링이 중요한 요리이다. 프랑스는 카트린 드 메디치로 인해 이탈리아가 오랜 세월 로마로부터 물려받은 음식 문화를 짧은 순간에 수입하여 완전히 흡수했을 뿐 아니라 진화까지 시켰다. 이런 오트 퀴진을 예술의 경지로 올려놓은 인물은 루이 15세이다. 그는 전통적인 식사 문화를 왕궁뿐 아니라 일반 귀족들까지 즐기도록 하여 '가스트로노미 (gastronomie)'[51]라는 단어까지 탄생시키며 요리를 고급문화 반열에 올려놓았다. 루이 16세가 단두대에서 처형을 당하면서 궁전에서 미식문화를 즐기던 귀족들도 뿔뿔이 흩어지자 궁전에서 요리를 담당했던 요리사들은 자

오귀스트 에스코피에

---

51) gastronomie는 고대 그리스어로 '위장을 해결하는 예술'이라는 뜻을 지닌 'γαστρονομία(가스트로노미아)'에서 유래했다. 그리스의 시인인 아르케스트라토스는 BC 4세기경 음식과 식재료에 대해 시의 형식을 빌려서 노래했다. 이후 이 단어는 프랑스의 루이 15세 시기에 다시 그 의미가 살아났다. 이제는 전 세계적으로 요리와 관련해서 이 단어를 모르는 이들이 없을 정도이다. 미식은 음식에 대한 미적·지적 가치관과 함께 세련됨을 추구하는 행위이다.

신들의 생계를 위해 거리로 나와 수프를 파는 레스토랑을 열었고 이후 쉐프의 시대로 접어들었다. 아트완 카렘(Marie-Antoine Carême), 아뻬르(Nicolas Appert), 브리아 샤바렝(Brillat-Savarin)등 탁월한 요리사들이 요리의 새로운 분야를 개척하며 멋진 요리의 세계를 열었다. 산업혁명 이후 교통수단의 발달과 식문화의 대량화로 인해 대도시에 큰 레스토랑들이 세워지는데 그중에서 오늘날 프랑스의 주방 시스템과 코스 요리 서비스를 도입한 오귀스트 에스코피에(Auguste Escoffier)가 가장 주목을 받아 정부로부터 1920년에 레지옹 도뇌르 훈장을 받았다. 생활에 여유가 생기며 유럽 각지로 여행하는 프랑스인들이 늘어나자 지도와 함께 맛집을 소개하는 '기드 미슐랭(Guide Michelin)'책자로 각 지방 고유한 전통 요리를 내놓는 숙소와 레스토랑을 소개하여 대중에게 인기를 끌었다. 이처럼 훌륭한 음식, 비할 데 없는 요리사, 현명한 미식가의 나라인 프랑스는 하루아침에 만들어지지 않았다.

1 빵 (Le pain)

프랑스인들이 보는 식문화는 이 시로 모든 것이 대변된다고 해도 과언이 아니다.

오! 눈부신 공주여!
오! 선한 신이 인간의 생을 위해
창조한 음식이여![52]

한국인들에게 밥이 주식을 이루듯 프랑스인들에게 빵은 모든 삶의 기반을 이루는 음식이다. 한국에서 '빵'이라는 단어가 프랑스어 '빵(pain)'이라는

---

52) oh! princesse brillante! oh! l'aliment que la divine bonté a créé pour l'entretien de la vie l'homme, Thomas Coryard의 코리아트의 경험(Expérience de Coryardt) 중에서, 이지은, 『귀족들의 은밀한 사생활』, 57쪽에서 재인용

프랑스 빵

발음과 유사해서 빵이 프랑스에서 처음으로 만들어졌다고 생각하는 이들이 있다. 프랑스는 다양한 빵과 디저트로 유명하지만 안타깝게도 빵은 30,000년 전에 이미 이집트에서 만들어 먹은 음식이었다. 교회를 중심으로 기독교 문화가 자리잡은 중세시대 유럽에서는 빵이 식문화의 중심을 이루었다. 프랑스인들의 주식이었던 빵은 오랫동안 프랑스인들의 건강 상태를 측정하는 척도로 여겨졌다. 빵을 만드는 사람을 지칭하는 제빵사는 프랑스어로 공을 뜻하는 'boul'이라는 단어와 결합하여 공모양의 빵을 만드는 사람이라는 뜻으로 '블랑제(boulanger)'라는 단어로 탄생했다. 이처럼 빵은 프랑스의 여러 역사적인 사건들과 얽히고설키며 다양한 이야기들을 탄생시켰다.

우선, 빵은 법이나 신분과 연관되었다. 1305년 필립 4세는 제빵업자를 감시하는 법안을 만들었다. 빵의 가격과 무게를 규격화하였고 눅눅하거나 탄 빵 혹은 크기가 너무 작거나 쥐가 먹은 빵 등은 판매하지 못하도록 금했다. 또 섭취하는 빵의 종류에 따라 신분이 나뉘기도 했다. 이처럼 빵은 신분을 표시하는 척도로 여겨졌다. 성직자나 귀족들은 흰밀로 만든 하얀 빵을 먹었는데 이들로 인해 흰 빵은 부요를 상징했다. 귀족들이 먹던 하얀 빵은 집에서 반죽을 한 후에 화덕을 빌려주고 품삯을 받는 푸르니에(fourniers)한테 반죽을 가져가서 구웠다. 1608년 토마스 코리야트(Thomas Coryardt)는 음식을 찬미하는 시를 쓰기도 했다. 반면 서민들이 섭취하는 빵은 곡식이 들어간 검은 빵이었다. 평민이 먹던 빵은 귀리와 보리로 만들어 색도 검었고 씹기에도 힘들 만큼 딱딱했다. 둘째로 프랑스에서 빵과 관련된 가장 유명한 일화는 구체제 붕괴와 연관된다. 구체제 당시 밀 가격이 턱없이 상승하자 빵값이 인상되어 배고픔에 시달린 시민들은 폭동을 일으켰다. 2년 동안의 흉작으로 1775년 프랑스는 '밀가루 전쟁(Guerre des Farines)'을 겪었다. 투기꾼들의 농간으로 밀 가격이 치솟아 제과점의 진열대는 텅 빈 상태였고 시민들은 굶주림에 시달렸다. 빵을 달라고 외치는 시민들을 향해 당

조세핀 드 보나파르트 초상화

시 왕비였던 마리 앙투아네트는 "빵이 없으면, 브리오슈를 먹어라!53)(S'ils n'ont pas de pain, qu'ils mangent de la brioche !)"라는 말로 시민들 마음속 깊이 쌓인 분노를 폭발시켰다. 이들을 달래기 위해 루이 16세가 곡물 거래상들한테 갖고 있는 재고를 저렴한 가격으로 판매하라는 명령을 내렸지만 상황은 진정되지 않았다. 덕분에 루이 16세는 혁명이 발발할 때까지 '제빵사(Boulanger)'라는 별명을 얻었다. 혁명이 일어난 해인 1789년 파리에서는 베르사

밀가루 전쟁

유에 비축해둔 빵으로 진격하는 부대를 위해 향연을 베풀고 그들에게 나누어준다는 소문이 돌았다. 소문이 퍼지자 여성들을 중심으로 흥분한 시민들이 모여들어 베르사유로 향하며 그들은 "빵(du pain)"을 외쳤다. 셋째는 빵과 관련된 미신이다. 프랑스에서는 식탁 위에 놓인 빵을 절대로 뒤집어 놓아선 안 된다. 빵을 뒤집어 놓으면 불행이 닥친다고 생각하기 때문이다. 구체제에서 제빵사들은 사형을 받는 죄수들의 빵을 뒤집어 놓은 상태로 보관했다고 한다. 혁명 기간 중 감옥에 수감 되어 사형을 선고받은 사람들은 언제 처형될지를 알지 못했다. 사형을 집행하기 전날 식사에서 뒤집힌 빵을 받고 나서야 자신들이 사형을 당한다는 사실을 깨달았다.

나폴레옹의 부인인 조세핀은 이 미신의 희생양이 될 뻔했다. 조세핀의 전남편인 알렉상드르는 혁명파에 우호적인

뒤집힌 빵

53) 둥글게 부푼 모양에 둥근 작은 꼭지가 달린 빵

Leçon 11 프랑스 단어에 담긴 음식 이야기

133

인물이었다. 이런 이유로 당시 그의 부인이었던 조세핀도 혁명 후인 1794년 감옥에 수감되었는데 주변 죄수들이 뒤집힌 빵을 받은 후 하나 둘씩 사라지는 광경을 보며 언제 자신에게 뒤집힌 빵이 올지 조마조마한 마음으로 두려움에 떨었다. 하지만 그녀는 처형을 당하기 바로 전날 극적으로 감옥에서 풀려났고 이후 나폴레옹 황제와 결혼하며 프랑스 황후의 자리까지 올랐다.

프랑스 관용어 속, 빵 이야기

우리나라 속담에 '손에 장을 지지다'라는 표현이 있다. 이 표현 속에 등장하는 '장'은 한국 문화를 모르는 사람들에게 무척 생소한 단어라서 이 속담을 이해하려면 '장'과 관련된 한국 문화를 알아야 한다. 이와 마찬가지로 빵이 주식인 프랑스에서는 빵과 관련된 다양한 관용어들이 존재한다. pain과 연관된 프랑스어 관용어 가운데 'avoir encore du pain sur la planche'라는 표현이 있다. 프랑스어 단어의 의미를 그대로

프랑스어 관용어 'avoir du pain sur la planche'에 대한 그림

직역하면 '(재료 혹은 저장) 판 위에 아직 빵이 있다'인데 요즘은 '해야할 일이 많다'는 의미로 사용된다. 하지만 이 표현은 pain에 대한 시각과 상징성이 변하며 의미가 다양하게 나타났다. 19세기 말에는 '능력이 많다'는 뜻으로 사용되었는데 당시에는 농부들이 기본적으로 빵을 주식으로 삼았다. 그래서 겨울을 나기 위해 많은 양의 빵을 구운 후에 저장 판(planche) 위에 쌓아 보관했다. 그래서 빵이 아직 있다는 의미는 그만큼 능력이 있다는 뜻으로 이해되었다. 하지만 이 표현은 제빵사들이 빵을 대량으로 만들기 시작하면서 '할 일이 많다'는 의미로 변화되었다. 그 이유는 제빵사가 빵 모양으로 반죽을 만든 후 오븐에 넣기 전에 재료판(planche) 위에 밀가루 반죽을 올려놓음으로써 그것을 볼 때마다 할 일이 떠오르기 때문이다. 한편으로 이 표

현은 불량배들이 사용하는 은어(la planche au pain(빵판))와도 연관되어 할 일이 많다는 의미를 강화시켰다. 불량배들에게 '빵판'은 '법정'을 의미했다. 왕정시대에는 감옥이나 갤리선에서 국가가 빵을 무상으로 제공했는데 그곳에서 고생했던 기억과 연결되면서 '잡일'이라는 의미가 덧붙여졌다. 그래서 이 표현은 할 일이 많아 힘들어진 미래라는 의미를 담고 있다. 한국에서 청소년들이 당하는 폭력으로 '빵셔틀'이 있는데, 이 단어는 2008년에 발생한 신조어지만 왠지 프랑스의 빵의 의미가 담긴 듯한 느낌이 들기도 한다.

바게트

프랑스 바게트

18세기에는 프랑스 인구의 90%가 빵으로 하루 열량을 대부분 충당했다. 당시 프랑스 사람들은 하루에 빵을 약 1kg을 먹었다고 한다. 하지만 오늘날 프랑스인들은 하루에 약 150g의 빵만을 소비한다. 한국에서 쌀의 소비가 줄어든 것과 같은 현상이라고 볼 수 있다. 그럼에도 불구하고 여러 빵 가운데 바게트는 여전히 빵의 여왕으로 그 자리를 차지하고 있다. 20세기 초에 새롭게 탄생한 바게트는 빵집에서 가장 인기 있는 빵이다. 바게트가 나오기 이전의 빵은 대부분 둥근 형태(miche)였다. 오랫동안 보관이 되었기 때문이다.

바게트의 어원은 기다란 생김새 그대로 라틴어 지팡이(Baculum)에서 비롯되었다. 유래에 대한 여러 이야기가 전해져 내려오고 있다. 첫째는 나폴레옹 시대로 거슬러 올라간다. 병사들이 옷 뒤에 있는 주머니에 넣어서 운반할 수 있도록 둥근 빵을 길게 만들었다고 한다. 둘째로는 비엔나 빵이 프랑스에 소개된 1830년으로 거슬러 올라간다. 1838년, 오스트리아 장교 아우구스트 장은 파리에 빵집을 열었고 비엔나 빵 제조를 전문으로 했다. 20세기 초 제빵사들이 새벽 4시 이전에 작업을 시작하는 것을 금지하는 법이 제정된 이후에 파리에서 제빵사들은 반죽과 조리 시간을 줄이기 위해 둥근 빵 대신 길쭉한 빵을 만드는 비엔나 빵집 동료들을 따라 바게트를 만들었다고 한다. 세 번째는 파리 지하철 건설과 연관된다. 프랑스 전역에서 온 노동자들은 동그란 형태의 빵을 자르려고 칼을 들고 티격태격하는 경우가 왕왕 있었다. 지하철 공사를 감독한 엔지니어 퓔장스 비엥부뉘(Fulgence Bienvenüe)는 제빵사한테 손으로 자를 수 있는 길쭉한 빵을 만들어달라고 요청했다. 이때부터 바게트를 손으로 자르는 전통이 생겨났다.

바게트는 보관하면 맛이 떨어지기 때문에 대부분 그날그날 소비한다. 바게트 덕분에 손님들은 매일 빵집을 방문해서 바게트를 구매해야만 했다. 프랑스에서는 혁명 이후 빵의 평등권이 생겼다. 이로인해 혁명 후 국민 공회에서 부와 관계없이 프랑스 시민은 누구나 똑같이 빵을 사먹을 수 있어야 한다는 빵의 평등권으로 인해 바게트 가격을 일정 금액 이상으로 인상할 수 없다.

2 카페 (Le café)

마시는 카페, 담소를 나누는 카페

한때 한국에서 카페올레(café au lait)가 유행을 하더니 어느새 그 단어는 이탈리아어인 카페라테로 바뀌어 사용되고 있다. 한국은 미국식 아메리

카노를 즐기는 사람들이 많지만 프랑스에서는 프랑스인들만의 카페 문화가 형성되어 왔다. 프랑스인들은 오늘날 커피가 보편적인 음료가 되도록 혁신을 일으킨 장본인이다. 커피가 프랑스 땅에 들어온 것은 17세기 후반이었다. 1644년 피에르 드 라 로크(Pierre de La Roque)라는 상인이 시음을 위한 다양한 도구가 든 커피 가방을 마르세유 항구를 통해 들여왔다. 이후 1669년에 프랑스 궁정에서 커피에 대한 소문을 듣고 대사를 청해 가져오도록 했다. 그래서 술탄 메흐메트 4세(Mehmet IV)를 대신해 대사가 파리로 커피를 갖고 와서 루이 14세와 귀족들에게 신비스럽고 특별한 이 음료를 선사했다. 준비과정이 익숙하지 않았던 이국적인 맛을 지닌 커피는 프랑스 궁정에 '리쿼르(liqueur)'라는 명칭으로 소개되었다. 커피를 맛본 루이 14세는 잠시 커피를 즐기다 금방 싫증을 느꼈다. 당시는 태양왕의 모든 행동을 따라하던 시기라서 모두들 태양왕을 따라 커피에서 돌아서고 말았다. 결국 커피는 약용으로만 사용되었다. 커피가 지금처럼 모든 이들이 선호하는 기호식품이 되기까지는 시간이 필요했다. 한 아르메니아인이 파리에 '카페(Café)'라는 시설을 열었지만 오래가지 못했다. 그러자 그곳에서 일하던 옛 종업원 중 한 사람이 1686년 우아하고 고급스러운 분위기를 갖춘 '르 프로코프(Le Procope)'라는 카페를 선보였다. 이후 라퐁텐느나 볼테르와 같은 지식인들이 일명 '흑색 황금'이라 일컬어지는 커피를 맛보기 위해 드나들었다. 이 작은 카페는 이런 지식인들을 통해 프랑스 혁명의 주요 중심지로 부각되었고 이후 프랑스의 온갖 문화의 산실이 되었다.

르 프로코프 카페

분홍빛이 도는 뒤벨루아

1800년에 장 밥티스트 드 벨로와(Jean-Baptiste de Bellloy) 주교는 '뒤벨루아르(Dubelloire)'라는 최초의 커피 메이커를 발명했다. 이 기계는 파리의 카페나 가정에서 사용되며 점차 그 기능이 향상되었다. 위에서 뜨거운 물을 부으면 아래 놓인 필터 속의 커피 입자 사이를 뜨거운 물이 통과하며 아래로 떨어지도록 고안된 이 기계로 인해 원두커피의 향긋한 향이 고스란히 전해졌다. 뒤벨루아르로 천천히 준비된 커피는 '프렌치'커피 맛의 충만함을 가져다주었다. 이후 1930년에 일명 '에스프레소'기계라는 이름으로 명성을 날리는 실린더 로스팅 기계가 파리에 처음으로 소개되었다. 이 제품은 이탈리아보다 60년 전에 등록된 제품이었다. 덕분에 2차 세계대전이 끝나기까지 커피와 관련된 어휘는 프랑스어가 주를 이루었다. 에스프레소는 'café à la minute (카페 아라 미뉘트)', 라떼는 'café au lait(카페올레)', 크림 카페는 'café crème'로 표시되었다.

맛뿐만이 아니라 어휘로도 유럽 사회를 변형시킨 커피는 프랑스에서 특별한 역할을 담당했다. 커피는 쓰다는 단점을 지녔다. 그래서 1685년 그르노블의 왕의인 모냉(Monin)은 쓴맛을 완화하려고 꿀과 우유를 섞어 'lait cafeté', 즉 커피가 섞인 우유를 선보였다. 이 커피로 위의 자극을 줄이고 기침을 멈추게 하여 병자들의 체력을 보완해주었다. 이후 커피와 우유의 비율이 좀 바뀌기는 했지만 카페올레는 프랑스인의 전형적인 아침식사 메뉴로 자리를 잡았다. 포도주를 주 음료로 섭취하던 프랑스인들에게 카페올레의 출현은 새로운 문화를 일으키는 혁명과도 같았다. 또한 18세기 초 루이 15세가 통치하던 시기에는 커피를 식민지로 보내면서 프랑스가 세계 커피 문화와 무역의 지배권을 차지했다. 커피를 마시는 장소로서의 카페는 1789년 프랑스 혁명 동안 토론과 행동을 요구하는 장소였다. 19세기 동안 프랑스의 지식인과 예술가들은 유명한 카페들을 드

카페올레

나들며 그들의 영역을 소개하고 의견을 교환하며 새로운 예술의 장을 열기도 했다.

프랑스도 1980년대 이후로 커피 가격이 상승하면서 전통 커피는 더욱 고급화를 지향하고 있다. 하지만 전통 카페들이 예전처럼 사랑을 받는 것이 아니라 많은 카페들이 라운지 카페, 테마 바나 식당으로 변모하고 있다. 스타벅스 같은 프랜차이즈들의 진출로 인해 전쟁 이후 40만개 이상이 존재했던 프랑스의 카페들 중 5만개 정도만이 남아있다.

르 프로코프(Le Procope)

이탈리아 출신의 사장이 1686년 문을 연 이 카페는 파리에서 조용히 신문을 읽으며 커피를 즐길 수 있는 최초의 장소였다. 유명한 문호인 라퐁텐느나 라신 등은 촛불이 밝혀진 곳에 모여 담소를 나누었고 최초의 영화를 만든 뤼미에르 형제, 그리고 백과사전파들, 뿐만 아니라 계몽주의를 주장한 볼테르까지 이곳을 즐겨 찾았다. 최근에는 유명한 소설가인 아멜리 노통브나 베르나르 베르베르 등도 애용하는 곳이다.

레 두 마고(Les Deux Magots)

두 개의 중국인형이라는 뜻을 지닌 레 두 마고는 예전에 비단을 팔던 장소에 새로운 건물이 세워지며 그 명칭을 그대로 사용했다고 한다. 파신 직전이던 카페를 1914년 오귀스트 불레가 인수하고 난 후 대대로 전통을 유지하고 있다. 이곳은 랭보, 말라르메, 아폴리네르처럼 유명한 시인들이 주로 찾았을 뿐 아니라 아라공, 지드 같은 문학가, 피카소를 비롯한 여러 화가들도 드나들었다.

레 두 마고 카페

초현실주의나 실존주의 철학가들이 자주 찾아 철학을 논하며 문학적인 논쟁을 벌이기도 했는데 무엇보다 이곳이 유명해진 이유는 20세기 가장 유명한 연인이었던 사르트르와 시몬 드 보부아르가 거의 매일 이곳을 들러 커피를 즐겼기 때문이다. 덕분에 지금도 그들의 지정석이 보존되어 있다. 또한 카뮈는 이곳에서 '이방인'을 집필하기도 했다. 이처럼 레 두 마고는 20세기 후반 지성인들과 예술가들의 창작 활동의 요람 역할을 했다. 그래서 '두마고 상'은 아카데믹한 콩쿠르상에 견줄만한 문학상으로 평가되고 있기도 하다.

카페 드 라 페

카페 드 라 페(Café de la Paix)

가르니에 오페라의 멋진 전경이 보이는 곳에 위치한 카페 드 라 페는 1862년부터 수많은 작가들이 거쳐간 곳이다. 가르니에(Garnier)가 설계한 금빛, 기둥과 천장은 나폴레옹 3세가 파리를 새롭게 바꾸어 나갈 당시의 스타일로 처음에는 그랑 호텔의 레스토랑이었다. 이 카페는 작가인 공쿠르가 알퐁스 도데와 식사하려고 선택한 장소로 유명세를 탔다. 주변을 둘러보면 오스만 남작이 계획한 건축물들로 즐비하다. 모파상, 빅토르 위고, 에밀 졸라등 유명한 작가들이 수시로 이곳을 찾았고 마르셀 푸르스트와 앙드레 지드는 이 카페에서 습작을 하기도 했다. 공쿠르 아카데미가 첫 모임을 한 장소이며 헤밍웨이가 정기적으로 들린 곳이기도 하다. 이처럼 많은 문학가들이 흔적을 남겨둔 장소이다.

카페 드 라 플로르(Café de la Flore)

1887년 생 제르멩 데 프레에 문을 연 카페 드 라 플로르는 반세기에 걸쳐 문학적인 모임과 철학적 토론 뿐 아니라 예술적인 상상력이 오고 간 장소이다. 유명한 시인인 아폴리네르는 이곳을 습작실로 사용하기도 했다. 영화 관련 모임이 정기적으로 열려서 감독과 배우들이 자주 찾았다. 이곳을 찾은 문학가들의 전통을 살리기 위해 1994년부터 매년 11월에 재능이 기대되는 젊은 작가에게 플로르상(Prix de Flore)을 수여하고 있다.

2021년 플로르상 수상작

3 마카롱 (Le macaron)

요즘 한국에서는 마카롱 열풍이 한창이다. 화려한 색상과 더불어 바사삭 부서지는 비스킷의 신선함과 입안에서 사르르 녹아드는 달콤함으로 마카롱은 전 세계적으로 디저트 왕좌를 차지하고 있다. 코스 요리를 통해 즐긴 음식들과는 별개로 간편하면서도 즐겁게 즐길 수 있어서 완벽한 디저트 아이템으로 여겨진다. 수세기동안 지속적으로 소비자들에게 사랑을 받는 조그마한 과자, 마카롱은 프랑스 문화와 상업성이 조화롭게 묻어나는 상품으로써 프랑스의 소프트 파워이다. 지금까지 프랑스를 상징하는 그림이나 사진 속에 늘 등장하던 바케트의 옆자리를 차지할 만큼 마카롱은 어느새 프랑스뿐 아니라 전 세계적으로 프랑스를 상징하는 엠블럼이 되었다.

마카롱의 어원은 그리스어에서 비롯되었다. 이후 이탈리아로 넘어가 '반죽을 치다, 두드리다'라는 뜻의 동사 '마카레(macare)'에서 파생된 이탈리아어 '마케로네(maccerone)' 혹은 '마카로니(macaroni)'로 변했다. 이 뜻을 지닌 마카롱은 중세 시대, 특히 1414년 보카치오(Boccaccio)의 '데카메론(Décaméron)' 프랑스어 번역판에 등장한다.

디저트 마카롱

"[...] 이 산에서는 마카롱과 라비올리 외에는 아무것도 만들지 않고 이후에 닭고기 수프 그릇에서 그것을 익힌다."[54]

하지만 여기에서는 마카롱이 일종의 파스타를 뜻했다. 1650년에 제작된 프랑스어 원본 사전(Les Origines de la Langue Française)에서도 '치즈로 뒤덮인 파스타 요리'를 지칭했다. 그런데 1675년에 제작된 프랑스어-영어 사전에서 마카롱을 현대의 마카롱과 비슷한 모습으로 표현해주고 있다.[55] '섞다', '갈다', '주무르다'라는 뜻을 지닌 이탈리아어 'Maccare (마카레)', 또는 'Amaccare (아마카레)'에서 마카롱이라는 단어가 유래했다고 보는 견해이다. 당시 마카롱은 아몬드를 갈아서 만든 아몬드 페이스트리를 지칭하는 명칭이었다. 우리가 알고 있는 마카롱은 라블레(François Rabelais)가 1552년 저술한 '쿼르 리브르(Quart Livre)'에서 음식을 숭배하는 식도락가들이 신에게 바치는 요리로써 마카롱을 언급함으로써 알려졌다.[56] 이 표현에서는 페이스트리인 푸플랭(poupelin)과 함께 이 용어를 사용했기에 과자임을 짐작할 수 있다.

옛날 마카롱

---

54) Boccace, 『Décaméron』, Laurent de Premierfait 번역, Ceres, 1999.

55) "...little Fritter-like Buns, or thick Losenges, compounded of Sugar, Almonds, Rosewater, and Musk, pounded together, and baked with gentle fire. (위키백과, 마카롱 참조) https://ko.wikipedia.org/wiki/%EB%A7%88%EC%B9%B4%EB%A1%B1)

56) En 1552, Rabelais l'évoque comme une ≪ petite pâtisserie ronde aux amandes ≫ dans le Quart livre. (http://petitsgourmands.fr/macaronpage/macarons 참조)

마카롱은 아랍국가에서 처음 만들어졌는데 유럽인들이 항해를 시작할 무렵 유럽으로 전해졌다. 본격적으로 프랑스로 들어온 것은 1533년 이탈리아의 카트린 드 메디치(Catherine de Medici)가 프랑스의 앙리 2세(Henri II)와 결혼하면서부터이다. 또 다른 주장은 마카롱이 8세기경 육식이 금지된 이탈리아 베네치아의 수도원 혹은 프랑스 코르메리(Cormery) 근처의 수녀원에서 수녀들의 영양을 보충할 목적으로 만들어 먹었다고 전해진다. 17세기의 마카롱은 오늘날의 마카롱과 형

다양한 마카롱

태가 달랐다. 약간 긴 형태로 조리법은 간편했지만 손이 많이 가는 요리였다. 17세기에 이미 셰프들이 파리에 마카롱을 선보여 대중들에게 큰 인기를 끌었다. 지금처럼 비스킷 두 개 사이에 토핑이 들어가는 형태는 취리히의 룩셈부르크 요리사인 카미으 스튀데(Camille Studer)에서 비롯되어서 그곳에서는 마카롱을 룩셈부르겔리(Luxemburgerli)라 칭한다. 퓨전화의 달인인 프랑스인들은 마카롱 분야에서도 여러 문화들을 융합하여 프랑스적인 마카롱 문화를 탄생시켰다.

마카롱 모양이 둥글게 변한 이유에 대해 전해져 내려오는 일화가 있지만 사실이 확인되지는 않았다. 일화에 따르면 한 수도사가 늘 윗옷을 벗고 아몬드 반죽을 하곤 했는데 어느 날 너무 피곤해서 기절하듯 쓰러져서 반죽 위에 자신의 배꼽 흔적을 둥글게 남겨서 마카롱의 모습이 둥글게 변했다고 한다. 어찌 되었든 점차 마카롱이 둥근 모양으로 만들어지면서 요리책마다 다양한 조리법이 등장했다. 1909년에는 에밀 다렌느와 에밀 뒤발(Émile Darenne, Émile Duval)의 '현대 제과 처리법(Traité de pâtisserie moderne)'에 34개 이상의 조리법이 등장하기도 했다. 또한 지방마다 독특한 특산품들이 만들어졌다. 20세기 초까지 마카롱은 단색의 비스킷 형식이 주류를 이루었다. 비스킷 사이에 향이 섞인 크림, 가나슈, 잼을 넣어 만드는 파리식 마카롱은 1913년 기록에 공식적으로 등장하였다. 1913년 기록에 따

르면 이중 마카롱이 '매우 흔한 방식'이라 표현되어 있다.

코로나로 집에 갇혀 지내는 시간이 길어지면서 사람들은 점차 미식을 더 즐기는 경향이 생겼다. 보통 '맛을 내려면 짠맛을, 즐거움을 위해서는 단맛'이라고 한다. 힘든 시기일수록 달콤함을 찾는 사람들의 욕구로 인해 마카롱은 더 유명세를 타고 있다. 유튜브나 인스타그램 등을 통해 소개되면서 프랑스뿐 아니라 전 세계인들이 마카롱을 맛보고 싶어 한다. 디저트가 우리에게 주는 기쁨은 입에 들어왔을 때의 촉감과 맛 그리고 향이다. 같은 마카롱일지라도 형형색색의 마카롱은 입에 넣는 순간 제각각 조금씩 다른 맛을 낸다. 마카롱과 연관된 각자의 기억과 마카롱의 맛이 서로 연결되기 때문이 아닐까?

12 프랑스 단어에 담긴 패션 이야기

패션의 도시 파리

　프랑스는 패션을 대표하는 나라다. 매년 고급의상과 기성복 패션쇼가 열리는 곳이기도 하지만 샤넬, 크리스디앙 디오르, 지방시 등 유명한 디자이너들을 배출한 요람이기 때문이다. 이 위대한 이름들은 떠올릴 때마다 우리에게 꿈을 꾸게 하고 삶에 찌든 세상을 벗어나 날개를 달 듯 날아오르게 한다. 패션계는 단순히 옷을 입는 것에 국한되지 않는다. 이 세계는 꿈으로 가득 찬 또 다른 하나의 우주를 보여준다. 패션 디자이너들은 실용성과 이상 사이 중간 지점에서 사람들에게 가장 창조적인 작품들을 선보인다. 다른 이들은 차치하고라도 샤넬이라는 한 인물만 보더라도 프랑스의 온갖 역사 속 다양한 변화들과 함께 살아남아 세상을 떠난 지금까지도 그 영향력이 전 세계적으로 막강한 것을 보면 프랑스인들이 얼마나 오랫동안 패션계에 그 가치를 전하고 있는지를 실감할 수 있다. 프랑스는 고급의상(haute couture)과 기성복(prêt-à-porter)으로 나누어 패션을 국가 산업으로 성장시켰다. 그래서 미테랑 대통령 당시에는 프랑스가 지닌 예술적 감각을 패션계에서 돋보이도록 루브르 박물관을 패션쇼장으로 빌려주었다. 그곳에 초대된 사람들은 부르디외가 말하는 구별짓기[57]의 일원으로 특별한 존재처럼 느껴졌다. 패션이라는 거대한 세계 뒤에 감춰진 세세한 이야기들을 단어를 통해 알아보는 것은 우리에게 숨겨져 있던 창조성을 발견하는 작업이라 상당히 의미가 있다.

1 그랑드 쿠투리에르 (Les grandes couturières)

퐁파두르 부인

프랑스 패션계에는 유명한 인물들이 많지만 그중에서도 패션의 획을 그은 두 인물은 루이 15세의 애첩으로 당시 프랑스 연극계와 패션계를 장악했던 퐁파두르 부인(Madame de Pompadour)과 현대로 넘어와 샤넬라인과 샤넬룩 등 새로운 패션을 선보인 가브리엘 샤넬(Gabrielle Chanel)이다. 퐁파두르 부인은 파리에서 태어나 강제 추방된 아버지를 대신하여 어머니 보호 아래서 문학과 예술 교육을 받고 자랐다. 20세에 첫 결혼 후 빼어난 미모와 사교성으로 살롱을 드나들며 볼테르처럼 유명한 지식인들과 어울렸다. 그러다 루이 15세의 눈에 띈 그녀는 1745년 2월 공식적인 애첩이 되어 후에 후작 칭호까지 얻으며 정치에 관여했다. 왕의 총애를 받으면서 재정적 여유가 생기자 예술가, 사상가, 작가들을 후원하며 그들을 보호했다. 하지만 열정은 식는 법. 5년이 지나자 왕의 사랑이 점차 시들해졌고 퐁파두르 부인은 잠시 베르사유를 떠났다가 1764년 42세의 나이로 생을 마감했다. 퐁파두르 부인에 대한 평가는 양분된다. 그녀가 정치에 관여한 것을 못 마땅히 여겼

---

57) 홍성민, 『취향의 정치학』, 현암사, 2012. 피에르 부르디외가 말하는 구별짓기(classement)란 사회 안에 다양한 종류의 계급투쟁이 존재하며 이 계급은 상징투쟁의 결과에 따라 유동적으로 변화하여 분류가 달라질 수 있다(p.195). 그래서 사람들이 일상적으로 개인적 취향이라 생각하는 문화 활동이 사회계급을 유지하며 스스로의 계급적 정체성을 인정하도록 하는 사회적 기제로 작용한다는 것이다(p.23)

던 리슐리외경의 측근들은 그녀를 '포주'혹은 '생선즙'[58]이라 부르며 조롱했다. 퐁파두르 부인은 여왕과 원만한 관계를 유지했지만 자신을 혐오하며 조롱하는 이들이 득실거리는 베르사유 궁전을 싫어했다. 그래서 주로 에브뢰호텔(hôtel d'Evreux)[59]에 머물렀다. 문학과 예술을 사랑했던 그녀의 안목을 높이 사는 이들은 퐁파두르 부인 덕분에 당시 볼테르나 몽테스키외 같은 지식인들과 예술가들이 마음껏 활동할 수 있었고 특히 백과전서파들에게 토론의 장을 제공하여 새로운 역사를 이어갔다고 평가한다. 패션계에서도 '퐁파두르 형' 헤어스타일을 탄생시키고 '퐁파두르 힐' 혹은 '루이 힐'이라는 퐁파두르의 취향이 가미된 힐 문화를 선보였으며 새로운 색상을 개발하여 '퐁파두르 핑크'를 만들어 세브르 도자기 제조소를 세워 도자기에 사용함으로써 우아한 파리의 문화를 한층 더 화려하게 장식해주었다.

퐁파두르 로즈 도자기

프랑스의 패션계에서 잊히지 않는 다른 인물은 바로 가브리엘 샤넬이다. '코코 샤넬'로 명성을 알린 가브리엘 보뇌르 샤넬(Gabriel Bonheur Chanel)은 부모가 지어준 이름처럼 삶이 행복(Bonheur)하지만은 않았다. 어린 시절 어머니를 일찍 떠나보낸 샤넬은 고아처럼 수녀원에 맡겨져 그곳에서 성장했다. 18세에 물랭에서 숙모를 만나 양장을 배우면서 1907년부터 1년 정도 카페 콩세르에서 노래도 부르며 아르바이트를 했다. 그곳을 자주 찾던 장교들이 '트로카데로에서 누가 코코를 보았나요? (Qui gu'a vu Coco dans l'Trocadéro?)라는 노래를 자주 청해서 듣자 그때부터 샤넬에게 코코라는 애칭이 붙었다. 샤넬은 카페를 드나들던 에티엔느 발장(Etienne de Balsan)

---

58) 퐁파두르 부인의 처녀 시절 성이 'Poisson(푸아송)'인데 한국어로 '생선'을 뜻하기 때문에 이름으로 조롱하는 호칭을 만들었다.

59) 이 호텔은 후에 프랑스의 대통령 관저로 쓰이는 엘리제궁으로 바뀌었다.

가브리엘 코코 샤넬

의 눈에 들어 상류 사회로 진출했다. 샤넬은 남성용 승마복과 스웨터를 여성용으로 개조하는 멋진 솜씨를 발휘하여 발장의 도움으로 자신의 첫 번째 상점인 모자가게를 열었다가 발장과 결별한 후 그의 친구인 카펠(Arthur Capel)의 도움을 받아 사업을 확장했다.

이후 샤넬은 패션으로 방향을 넓혀 파리에서 '샤넬 모드(Chanel Modes) 라는 첫 패션샵을 열었다. 샤넬은 당시 여성들이 승마할 때도 거추장스러운 치마를 입고 말을 타는 모습을 보며 여성들의 움직임을 자유롭게 할 수 있는 의상을 파격적으로 선보이고 싶었다. 그래서 스커트의 폭을 줄이고 수녀복을 모티브로 하여 저지 옷감을 활용해 심플하면서 실용적인 의상을 선보였다. 또한 헤어스타일에서도 당시로서는 파격적인 단발머리를 대중화했다. 남성 편력이 있었던 샤넬은 유명한 작곡가인 이고르 스트라빈스키와 연애를 하며 그의 작품에 영향을 주기도 했고 2차 대전 당시에는 독일군 장교인 한스 귄터 폰 딩크라게와 사랑에 빠져 스파이로 활동하기도 했다. 이 일로 전쟁 후 쏟아지는 비난을 피해 스위스로 이주하여 생활하다가 다시 파리로 돌아와 사업을 재개하지만 이미 새로운 패션스타일에 물든 대중의 취향을 따라가지 못해 어려움에 봉착했다. 재정 악화로 사업에서 물러난 샤넬은 1971년 1월 10일 파리의 리츠 호텔에서 숨을 거둔다. 패션뿐 아니라 액세서리, 가방, 향수까지 미와 관련된 모든 영역에서 그 영향력을 행사한 코코 샤넬은 '아름다운 눈은 당신을 바라보는 눈뿐' 이라는 주옥같은 명언들을 남기며 현재까지도 여전히 그녀의 향기를 전 세계에 전하고 있다. 이처럼 패션을 선도적으로 주도한 이들 덕분에 프랑스는 패션의 강국이 되었고 그 결과 여러 단어들이 한국 문화 속으로 스며들어와 새로운 의미로 재탄생되었다.

샤넬 향수

2 베레모 (Le béret)

프랑스를 대표하는 사진이나 그림 속에 늘 등장하는 베레는 한국어로 베레모라고 하지만 실제로 베레 자체에 모자의 의미가 담겨 있다. 베레(béret)는 프랑스 서남부의 가스코뉴 지방의 명사인 베레(berret)에서 비롯되었다. 하지만 고대 오크어인 be(r)ret에서 비롯되었다고 보는 전문가들도 있다. 구전되는 전승에 의하면 성경에 나오는 노아가 방주 바닥에 갓 깎은 양털을 깔아 동물의 잠자리로 사용했는데 홍수로 방주에 갇혀 40일이 지나자 양털이 펠트가 되어 베레모의 재료로 사용되었다는 재미있는 이야기가 전해져 내려오고 있다. 프랑스의 역사가들은 베레모의 기원을 15세기로 추정하며 피레네산맥 북서쪽에 위치한 바스크 지방 근처 베아른(Béarn)에서 비롯되었다고 본다. 그 지방의 추운 날씨로 인해 양을 치는 지역의 양치기들이 추위나 비로부터 머리를 보호하기 위해 양털로 베레모를 만들었고 세월이 흐르면서 남성들과 소년들이 이를 착용하게 되었다. 베레모는 전쟁을 겪으며 새로운 상징성이 더해졌다. 따뜻하면서 방수도 가능한 베레모는 세계 2차 대전 당시 독일군 점령하에서 프랑스를 지키기 위해 목숨을 바치고 싸웠던 레지스탕스의 상징이 되었다. 그들이 검은 베레모를 즐겨 착용하면서 베레모는 애국심을 상징하는 요소로 자리 잡았다. 이후 쿠바 혁명의 전설적인 영웅인 체게바라가 늘 착용했던 모자도 양치기의 모자였던 베레모여서, 베레모는 어느새 정치와 연관되며 저항 정신을 상징적으로 대변했다.

베레모를 쓴 레지스탕스

그런데 한때 남성들만 착용하던 베레모는 현대로 오면서 예술과 패션계에서 도발적인 아이템으로 등장하며 다양한 룩과 매치되어 세련된 분위기를 연출하기 시작했다. 1930년대에 그레타 가르보나 에디트 피아프처럼 유명한 여성 아티스트들이 베레모를 착용하면서 패션계에서 주목받았고 이후 코코 샤넬 패션

빨간색 베레모

쇼에 등장하며 본격적인 패션 아이템으로 자리를 잡았다. 패션계에서는 여성들의 섬세함을 돋보이도록 하는 베레모이지만 화가들에게는 붓을 들고 창작을 위해 고뇌하는 모습과 한 장면을 이루는 특별한 액세서리였다. 베레모는 색채를 통해 고유 지역, 정체성, 심지어 관습을 보여주었다. 초기에 베레모는 염색 과정을 거치지 않아 자연적으로 갈색빛이 도는 울 색상을 유지했다. 이후 피레네 오소(Ossau) 계곡에서는 붉은 베레모를, 뤼숑(Luchon)에서는 파란색을 착용하여 색채로 지역을 표시했다. 군대나 산악 전문가들은 자체적으로 색상을 정해 염색 과정을 거쳐 그들만의 정체성을 베레모로 표시했다. 현대로 들어오면서 캐리커처 화가들이 프랑스에 대한 그림을 그리며 베레모를 전형적인 요소로 작품 속에 그려 넣으면서 외국인들에게 베레모는 프랑스풍을 의미하는 패션 아이템이 되었다.

베레모를 쓴 프랑스인들

3 판타롱 (Le pantalon)

한 사회의 문화와 역사는 사건들의 연속적인 흐름을 통해 파악되기도 하지만 특정한 계층이 하나의 사물에 대해 지니고 있는 관점의 변화를 관찰하는 과정 속에서 발견되기도 한다. 특히 언어 속에 나타난 표현을 살펴보면 그 사회가 지닌 가치관을 읽을 수 있다. 그 한 예로 '판타롱(바지)'이라는 의상과 연관된 프랑스어 단어에는 프랑스 여성들의 시선으로 바라본 프랑스 문화의 흔적이 묻어난다. 한국에서는 여성들의 활동이 극성스러운 경우에 '치맛바람을 일으킨다'는 표현을 쓴다. 이 표현에서도 읽을 수 있듯이 한국에서 여성들은 활동의 적극성, 나아가 지나칠 정도의 극성스러움을 드러낼 때 전통적으로 착용하던 의상을 바꿔 입지 않는다. 물론 현대로 들어오며 한국 여성들의 가치관에도 변화의 바람을 맞아 활동적인 의상을 선호하는 분위기로 바뀌었지

평민 계급을 상징하는 상 퀼로트

만 한국어 표현을 통해 보면 여성들은 여전히 외형적 변화보다는 내면적인 적극성에 우선순위를 두는 듯하다. 하지만 프랑스에서는 'La femme porte la culotte la pantalon'[60]라는 표현에서 볼 수 있듯이 여성들은 자신의 권위와 적극성을 나타내기 위해 일반적으로 착용하는 치마를 벗고 남성들의 전유물인 '바지'로 갈아입는다. 일반적으로 서양 여성들의 의상은 치마 문화였다. 프랑스도 이런 문화에서 예외는 아니었다. 프랑스어 표현에서도 알 수 있듯이 프랑스 사회에서 '바지'는 여성들이 스스로의 신분을 남성과 동등한 위치로 격상시키기 위해 쟁취해야만 하는 하나의 상징물로 간주 되었다. 프랑스어 사전에서 판타롱을 찾아보면 '발목까지 내려오는 하의'라고 표시되어 있을 뿐 어느 항목에서도 '권위'를 상징한다는 내용을 찾아볼 수 없다. 프랑스에서 판타롱이라는 단어 속에는 신분적인 갈등과 성적차별이라는 우리가 모르는 이야기들이 숨어있다.

판타롱은 베네치아에서 들어와 초기에는 연극에서 광대 역할을 하는 배우들이 착용했다. 그렇지만 프랑스 혁명에서 판타롱은 중요한 상징적 역할을 한다. 그전까지 프랑스에서 귀족 남성들은 퀼로트(culotte)라고 신체의 각선미를 드러내는 바지를 착용했고 선원이나 서민들은 판타롱을 착용했다. 프랑스 혁명이 일어나자 시민들은 퀼로트를 착용하는 귀족들에게 대항한다는 의미로 상퀼로트(sans-culotte) 계급을 대변하는 의상으로 판타롱

---

60) 프랑스어를 그대로 직역하면 '여자가 바지를 입는다'인데 이는 관용어 표현으로 '여자가 권위를 갖는다'라는 뜻으로 해석된다.

을 입었다. 판타롱은 노동자들이 착용하던 천한 의상이었다. 이 의상을 입고 시민들이 바스티유로 돌진하여 혁명에 승리를 함으로써 판타롱은 새로운 정치세력과 시민권의 상징이 되었다.

여성들은 언제부터 바지를 착용할 수 있었을까?

반면 여성의 관점에서는 훨씬 다양한 상징성을 드러냈다. 1800년 파리 경찰청은 특별한 의학적 이유 없이 여성이 바지를 착용하는 일을 금지하는 법령을 발표했다. 자유, 평등, 박애의 나라이며 시민혁명으로 전 세계에 자유와 평등에 대한 가치를 전파한 선구자적 국가임에도 불구하고 여성들이 남성과 동등한 대우를 받는 데는 213년이라는 긴 세월이 필요했다. 이처럼 프랑스 여성들은 '바지'를 차지하기 위해 오랜 세월 동안 투쟁을 벌였다. 이는 프랑스의 독특한 문화이며 특별한 상징성을 보여주는 경우이다. 18세기에 성구분의 차이가 확연히 표명되면서 남성들은 그동안 의상을 통해 추구하던 몸치장을 포기하고 실용성만을 유일한 목표로 삼는 시기를 맞이했다.[61] 이와 더불어 '바지'는 기독교 문화가 바탕이 된 유럽 사회에서 여성과 남성이라는 성적 경계를 분명히 해주는 요소로 작용했다. 구약성경 신명기 22장 5절에 "여자는 남자의 의복을 입지 말 것이요 남자는 여자의 의복을 입지 말 것이라. 이같이 하는 자는 네 하나님 여호와께 가증한 자이니라."라는 구절로 인해 가톨릭 국가이던 프랑스는 이 말씀에 따라 남·녀 간의 의상을 확실히 구별하기에 이른다. 중세 이후 서양에서 성의 혼동은 커다란 두려움을 불러일으켜 여성들은 감히 남성들의 의상을 착용할 엄두를 내지 못했다. 결과적으로 남성들이 착용하는 의상은 여성들의 눈에 넘어서는 안

---

61) Flügel J. C., 『Le rêveur de la parure vestimentaire』, Paris, Aubier, 1992, pp.102-103. Flügel 은 이 시기를 '남성의 위대한 포기(La Grande Renonciation Masculine)'를 상징하는 시기로 보았다.

되는 성적 경계를 의미했으며 남성만이 지닐 수 있는 남성다움을 상징했다.

법으로 금지된 의상을 착용하는 여성들은 사회적 비난의 대상이 되었고 도덕성을 상실한 정숙치 못한 자로 간주되었다. 당시 여성들이 바지를 착용하려면 의학적인 문제가 있다는 사실을 증명해야만 했고 도청에 가서 허가서를 받아야만 가능했다. 이 과정에서 여성들의 신분이 경찰청에 등록되어 마치 주홍 글씨처럼 흔적을 남김으로써 이러한 결과가 바지를 착용한 여성들을 문제가 있는 여성으로 보도록 부추겼다. 프랑스에서 여성들에게 '바지' 착용을 금한 이유는 가톨릭 문화로 인해 성적 혼동을 막으려는 의도가 다분했지만 또 한편으로는 남성적 관점에서 바라본 여성 육체에 대한 재제였다. '바지'를 착용한 여성들의 모습이 남성들의 시선을 허리 아래로 유도하여 여성의 신체에 관

바지를 착용할 수 있다는 허가증

심을 갖게 한다는 남성 위주의 판단 때문이었다. 이처럼 여성이 성적 존재로만 비쳤던 이유는 그동안 프랑스 사회의 패션이 여성을 이런 방식으로만 보여줬고 도덕, 관습, 법률이 여성들의 역할을 끊임없이 성적인 틀에서 벗어나지 못하도록 몰아갔음을 보여준다. 그래서 아름다움 이상을 위한 여성, 즉 인간이 되고자 한 여성들은 이런 이유로 지속적으로 아주 심한 공격을 받았다. 급기야 19세기에 들어서면서 바지를 착용한 여성들을 전복자나 파괴자로 여기기에 이르렀다. 그래서 힘든 노동을 하는 여성들도 불편한 치마를 입고 일해야만 했다. 실제로 이런 불편함을 해소하려고 허가 없이 바지를 착용했던 여성들 가운데 법정에 서서 자신을 변호해야 하는 경우도 발생했다. 프랑스의 여성학자이며 역사가인 바르는 프랑스 혁명 이후 현재까지 '바지'를 둘러싸고 남녀가 여러 사건들을 통해 벌였던 특별한 정치적 코드가 존재함을 밝혀주었다.[62]

---

62) Bard, C., 『Une histoire politique du pantalon』, Le Seuil, 2010., p.18-19.

혁명 이후 프랑스 여성들은 사회적으로 활동 영역을 넓히고 경제적인 능력들을 키워가면서 기존의 관습들을 바꾸려는 열망에 사로잡혔다. 그 결과 남성들만 지니고 있던 경제력과 권위에 관심을 쏟았다. 하지만 당시 프랑스 사회에서 여성들이 경제력과 권위를 지니기는 매우 힘든 상황이어서 여성들은 이를 얻는 방법으로 결혼을 택했다. 결혼은 여성들이 물질적·정서적으로 지속적인 필요를 채울 수 있는 가장 확실한 기회를 제공해주었다. 당시 등장한 캐리커처들을 살펴보면 이러한 현상을 읽을 수 있다. 프랑스에서 바지와 여성을 소재로 한 캐리커처의 흐름을 보면 초기에는 여성들이 바지를 입은 남성을 차지하려는 캐리커처로 표현된다. 여성들은 대부분 경쟁적으로 부유한 남성을 차지하여 결혼에 성공하려는 목표를 향해 나아갔다. 남자를 획득하고 차지하려는 투쟁은 시대를 막론하고 풍자적 캐리커처에 다양한 소재를 끊임없이 제공했다. 프랑스에서 산업의 발달로 차츰 여성들이 경제적인 여유를 얻자 스스로 권위를 차지하기 위해 권위를 상징하는 남성의 바지를 직접 착용하려고 싸우는 풍자적인 캐리커처가 등장했다. 이 캐리커처는 미혼 여성들이 남성을 빼앗으려 싸우는 캐리커처와 달리 뒤에서 말리는 아이들의 모습을 통해 이미 결혼한 부부임을 보여준다. 당시 프랑스 유부녀들은 경제적, 정치적 권리가 없었다. 가정에서도, 결정권은 오직 남편에게만 주어졌다. 프랑스 여성들은 이와 같은 관습의 담장 안에 스스로를 가두고 이를 정당하다 믿으며 영원한 만물의 법칙으로 여겼다.

바지를 놓고 싸우는 부부

프랑스의 기혼 여성들이 바지를 차지하기 위해 남편과 벌이는 투쟁은 가정에서 누가 주도권을 쥐는가에 관한 투쟁이다. 구전 속담에 '여자는 젊었을 때는 남자의 마음을 사려고 남자를 유혹하지만 평생 남자를 지배하려는 생각을 안고 산다'는 얘기가 있다. 이러한 생각은 프랑스어 표현 속에 그대로 전수되어 부부싸움에서 아내가 이겨 집안에서 주도권을 완전히 장악하면 'La femme porte la culotte(혹은 le pantalon: 여자가 바지를 입고 있다)'라고 한다. 캐리커처의 풍자적 그림은 이를 문자 그대로 옮긴 장면이다. 남편의 바지를 빼앗아 입은 아내는 문자 그대로 '바지'만 입고 있는 것이 아니라 가정에서 남편이 쥐고 흔들던 권위를 빼앗아 주도권을 휘두른다. 이처럼 주도권을 쥐기 위해 끊임없이 바지를 쟁취하려는 캐리커처를 통해 바지가 프랑스 여성들의 눈에는 남성들이 쥐고 있는 권위를 상징했음을 알 수 있다.

프랑스 혁명 당시에는 파리의 노동자뿐 아니라 사회의 하층민부터 부르주아까지 모두 판타롱를 착용함으로써 계층의 차이를 뛰어넘어 서로 평등한 모습을 보였다. 이는 프랑스혁명 당시 유행하던 노래와 춤인 카르마뇰 (La Carmagnole)에 등장하는 '모두 같은 높이로 (Tous à la même hauteur)' 라는 구절을 통해서도 알 수 있다. 그래서 혁명 이후로 판타롱은 가난한자를 대변해주는 동시에 노동의 가치를 일깨우며 그들이 쟁취한 자유와 평등을 대변했다. 이처럼 자유와 평등을 대변하던 판타롱이었지만 프랑스 여성들에게 이것은 오랫동안 제한된 자유를 상징했고 불평등의 대상이었다. 프랑스 여성들은 결혼을 통해 가정에서 종종 권위를 차지했지만 사회 전반에 걸쳐 여성은 여전히 공개적으로 바지를 착용하지 못함으로써 온전한 자유를 누리지 못해 남성들과 동등한 대우를 받지 못했다. 이러한 현상은 역사적인 기록에 심심찮게 등장한다. 일례로 1954년에 공장에서 곧바로 법정에 출두해야만 했던 한 여성이 증언을 하기 위해 작업복 바지 차림으로 법정에 들어서자 판사는 이런 복장이 법정을 모독하는 행위라며 증언을 금하기도 했다. 이런 경향은 68혁명 시기에도 지속되어 추위가 심한 경우를 제외하면 여학생들은 학교에 바지를 착용하고 올 수 없었다. 68년 이후로 자유의 바람이 불어 옷을 입는 방식에도 많은 변화가 일었다. 하지만 프랑스 여성들에게 '바지'는 여전히 금지의 대상이라 완전한 의복의 자유를 박탈당한 여성들의 눈에는 진정한 자유가 보장되지 않은 것처럼 보였다. 프랑스 여성들에게 의복 착용의 자유는 여성의 위치와 조건을 가늠케 하는 척도 중 하나로 여겨져 바지를 자유롭게 착용하는 것만이 진정한 자유를 쟁취한 것으로 여겨졌다. 결과적으로 '바지'는 여성들에게 진정한 자유의 상징이었다.

그러나 법령으로 금지되어 있음에도 불구하고 운동선수, 작가, 배우들

프랑스 혁명 당시의 노래 '카르마뇰'

을 중심으로 남성처럼 바지를 입고 다니는 여성들이 늘어나면서 이들을 지칭하는 단어(la garçonne)까지 생겨났다. 그러자 유명한 의상디자이너인 입생로랑 (Yves Saint Laurent)이 여성들을 위한 바지를 선보여 지금까지 여성들이 바지에 대해 갖고 있던 선입견에서 벗어나 바지를 패션의 한 분야로 보도록 만들어주며 변화를 일으켰다. 이후 바지는 활동성과 독립성을 지닌 강한 여성을 상징하는 옷으로 그 위상이 변화했다. 법령으로 바지 착용이 허용되지는 않았지만 바지를 통해 자유와 평등을 획득한 프랑스 여성들은 사회에 적극적으로 참여함으로써 스스로의 입지를 넓혀갔다. 바지는 활동적이라는 실용적인 측면도 있었지만 다른 한편으로 당시 프랑스 사회에서 여성들에게 젊음과 대담함을 표출하는 현대화를 의미했다. 정계로 진출하는 여성의 빈도수가 늘어나면서 여성들은 이미지 관리 차원에서 현대적인 모습을 보이기 위해 정책적으로 바지를 착용하는 경우가 증가하면서 정계로 진출하는 여성들에게 바지는 특별한 의미를 지녔다. 바지를 입고 대담하게 정치적 견해를 피력하는 여성정치인들을 바라보는 프랑스 여성들의 시각에 바지는 정치권에서의 승리를 상징했다. 바지를 입고 정치적으로 승리하여 실제적인 권력을 차지한 여성들의 입김은 프랑스 사회 전반에 작용하였다. 결국 법으로 제정되어 있었지만 사문서화 되었던 조례가 2013년 2월 4일에 폐지되기에 이른다.

바지를 착용한 메르켈 총리와 마크롱 대통령

4 코르셋 (Le corset)

코르셋은 프랑스뿐 아니라 유럽의 패션 역사에 매우 중요한 트렌드를 장식한다. 400년 동안 사용되어 온 물건인데다가 1900년대 'S'자 형태로 유행하기까지 시대마다 그 형태가 매우 다양함을 보여준다. 여성들을 가장 힘들게 만들었지만 또 한편으로 연약한 여성들을 보호하고 아름다운 몸매가 드러나도록 개발된 코르셋은 여러 가지 면에서 시사하는 바가 크다. 코르셋은 논란을 불러 일으키는 역사의 산물이다. 코르셋이라는 단어는 중세 라틴어인 코르세투스(corsetus)에서 비롯되었다. 프랑스에서는 코르사주(corsage)라고 해서 가슴부터 허리까지 조여주는 보형물도 있었는데 코르셋은 그보다는 조금 유연한 속옷으로 주로 상류층 여성들의 전유물이었다. 프랑스뿐 아니라 유럽 대부분의 국가에서 16세기부터 20세기 초까지 코르셋을 착용

코르셋

한 사람들은 여성만이 아니었다. 남성들도 이전부터 조끼의 형태로 입었던 옷의 영향으로 고래 뼈로 골격을 만든 철골옷을 속에 바쳐 입었는데 이후 이것이 보형 속옷으로 진화하며 갈비뼈를 감싸고 내려와 허리까지 압박하는 형태로 발전했다. 패션은 늘 기능성과 아름다움이라는 두 가지의 가치 사이를 오가는 듯하다. 16세기 유럽에서 처음 유행하기 시작하여 18세기에 가장 최고의 절정을 이루는 코르셋의 유행에 한몫을 담당한 인물은 우리가 잘 알고 있는 카드린 드 메디치이다. 카트린 여왕이 착용한 코르셋은 이탈리아 패션의 영향을 받아 이전에 사용되는 것과는 달리 몸의 움직임에 따라 구부러지지 않고 몸에 압박을 가해 굴곡진 몸의 윤곽을 그대로 유지하도록 제작되어 옆구리를 꽉 조이는 구조였다. 사실 코르셋은 단지 여성의 굴곡진 몸매를 강조하려는 의도만 있지는 않았다. 당시에는 여성의 몸이 유전적으로 약해서 버팀대가 필요하다고 생각했다. 그래서 버팀목의 역할을 하는 기능적인 보형물로 코르셋을 개발했다. 하지만 기능보다 아름다움 쪽으로 기울어진 코르셋의 변화는 점차 기괴한 형태로 변형되었다. 17세기에는 극단적으로 풍만함을 강조하느라 끈으로 허리를 조이는 바람에 여성들이 모두 임신한 것처럼 배가 볼록 나와 보이는 현상까지 발생했다. 그럼에도 불구하고 당시 코르셋은 몸치장을 위한 필수 액세서리로 여겨졌다.

상류층 여성들은 대부분 허리를 꼭 조여 날씬함을 강조했다. 조각같은 여성의 몸매를 보여주기 위해 등 뒤에서 단단히 조여주는 속옷은 오랫동안 남성중심의 사회에서 여성들에게 고문을 강요하는 도구로 비난을 받았다. 이로 인해 부작용도 속출했다. 덕분에 새신부를 맞이한 신랑은 절제와 통제를 증명하기 위해 신부의 허리를 조이고 있는 50여개의 끈을 천천히 조심

스레 풀어야 했다. 의학적인 부분에서도 여성들의 건강을 우려하는 염려와 비판이 거세졌다. 이런 논쟁은 코르셋이 한창 유행하던 19세기에 절정에 달했다. 점차 상류층뿐 아니라 부르주아들과 더 많은 여성들이 착용하면서 일부 의사들은 호흡기 질환, 갈비뼈 변형, 내부 장기 손상, 유산등의 원인이 될 수 있음을 밝혀주었다. 하지만 아이러니하게도 코르셋의 수요는 증가하였고 이처럼 여성의 육체를 속박하는 미는 사라지지 않았다. 일부 역사학자들은 당시 여성들이 그들만의 특별한 코르셋 착용 방식을 발견했을 수도 있다고 말한다. 오늘날에도 코르셋은 여전히 존재하고 있다. 주로 매니아들이 사용함으로써 모든 여성들의 옷장 속에 준비되어 있지는 않지만 코르셋은 패션계를 떠나지 않고 있다.

13 오브제 속에 숨겨진 프랑스 문화

프랑스의 다양한 오브제

　세상에는 물건들로 넘쳐난다. 만일 이 물건들이 자신이 겪은 일들을 한 마디씩만 한다면 우리는 그 소음으로 인해 온전한 생활을 못 할 수도 있다. 그래서 물건들은 입을 꾹 다물고 자신들을 스쳐 간 온갖 손길들을 그저 품고 있는지 모른다. 그러다 자신의 마음을 조금이라도 알아주는 사람이 나타나면 그에게 살짝 마음을 열며 이야기보따리를 풀고 조잘조잘 이야기를 들려준다. 그러면 그 사람은 잊고 지냈던 순간이나 사람들을 떠올린다. 마치 프루스트의 소설『잃어버린 시간을 찾아서』의 한 장면처럼. 소설 속에서 주인공은 홍차를 찍어 먹던 마들렌을 보며 과거로 돌아간다.

　"그러다 갑자기 추억이 떠올랐다. 그 맛은 내가 콩브레에서 일요일 아침

마다 (중략) 레오니 아주머니 방으로 아침 인사를 하러 갈 때면, 아주머니가 곧잘 홍차나 보리수차에 적셔서 주던 마들렌 과자 조각의 맛이었다. (중략) 마들렌 조각의 맛이라는 것을 깨닫자마자 (중략) 아주머니 방에 있던, 길 쪽으로 난 오래된 회색 집이 무대장치처럼 다가와서는 우리 부모님을 위해 뒤편에 지은 정원 쪽 작은 별채로 이어졌다. (중략) 그리고 그 집과 더불어 온갖 날씨의, 아침부터 저녁때까지의 마을 모습이 떠올랐다."[63]

이처럼 우리를 둘러싸고 있는 오브제들 가운데 어떤 것들은 우리에게 추억을 불러일으켜 특별한 가치를 떠올려준다. 이것들은 잠자고 있던 우리의 감정과 감각을 일깨워주기 때문이다. 프랑스 역사의 한 증인이었던 오브제들은 프랑스인들의 역사에서 떼어낼 수 없는 문화의 한 부분이다. 만일 오브제에 어떤 영혼이 깃들어 있다면 그것은 바로 프랑스의 영혼일 것이다.

1 보석과 보석함 (Le trésor et le coffre à bijoux)

바렌으로 도망치는 왕과 왕비

혁명의 소용돌이를 치르고 난 1791년 6월 20일 한밤중에 마차 한 대가 튈르리 궁을 떠났다. 마차에는 루이 16세와 마리 앙트와네트 왕비가 타고 있었다. 혁명의 여운이 채 가라앉지 않은 시기에 대체 왕은 왜 동쪽으로 도피하려 했을까? 혁명 후 루이 16세는 잃어버렸던 권력과 힘을 되찾으려고 모험을 감행했다. 왕은 반혁명 세력이던 페르센 백작의 도움을 받아 도주를 계획했다. 역사가들의 의견은 둘로 나누어진다. 어떤 이들은 왕이 혁명가들과 싸우기 위해 무장 연합을 조직하려고 룩셈부르크를 오스트리아인들의 손에 넘기고 싶어 했다고 믿는다. 다른 한편에서는 왕이 10,000명의 병사와 함께 몽메디의 요새를 장악한 후작의 보호를 받으며 남아 있으려 했다고 생각한다. 신하 복장으로 변장하고 떠난 루이 16세는 안

63) 마르셀 프루스트, 『잃어버린 시간을 찾아서 1』, 김희영역, 민음사, 2020.

타깝게도 바렌 근처 작은 마을에서 얼굴을 알아본 백성으로 인해 붙잡히고 만다. 왕의 도피 소식은 프랑스뿐 아니라 영국까지 퍼져나가 조롱거리가 되었고 프랑스 내에서도 국민 대다수가 비판을 쏟아내며 돼지 몸통 위에 왕의 얼굴을 얹어 그린 그림까지 등장하며 국민들에게 배반자라는 낙인까지 찍혔다.[64] 루이 16세는 혁명으로 왕권이 약화되어 종교인들과 귀족들의 지위를 낮추는 법에 승인해야 하는 괴로움에 시달리다 잃어버렸던 힘을 되찾고 싶은 마음으로 도피를 실행에 옮겼다. 하지만 그것은 30시간의 모험으로 끝나고 말았다.

왕과 왕비가 떠나기 몇 시간 전에 마리 앙트와네트 여왕이 아끼던 보석과 2백만 파운드의 금과 당시 화폐를 실은 마차 두 대가 앞서 출발했다. 하나는 왕실 재무부와 민간 목록에 있는 2백만 파운드의 금과 화폐를 운반하는 마차였고 다른 마차에는 여왕의 다이아몬드와 보석을 운반하는 미용사 레오나르가 타고 있었다. 세기에 걸쳐서 이 주제는 여러 추측과 상상을 불러일으켜 역사적인 연구의 대상이었다. 좀처럼 잦아들지 않는 여러 추측들로 인해 현재도 이 보물을 찾으려는 이들의 발길이 이어지고 있다. 오랫동안 지역 역사를 연구한 제라르 카디(Gérard Cady)[65]는 성채의 여러 지하 통로나 우물 중에 보물이 숨겨져 있거나 몽메디에서 좀 떨어진 벨기에에 있는 오르발 수도원에 보물이 도착했을 수 있다고 추측한다. 공식적으로 보물은 발견되지 않았지만 아직도 미련을 버리지 못한 채 보물찾기는 지속되고 있다.

바렌에서 붙잡힌 루이 16세와 마리 앙트와네트, 그들의 도피가 실패로 돌아간 후 1년이 지난 어느 날 여왕에게는 단 한 번의 방문만 허락되었다. 바로 충실한 친구인 엘리자베스 서덜랜드(Elizabeth de Sutherland) 백작 부인으로 왕족의 도피를 도운 것으로 알려진 영국 대사의 부인이었다. 백작 부인은 왕실의 마지막 순간을 여왕과 함께했다. 여왕은 백작 부인에게 진주, 다이아몬드, 루비 목걸이를 주었고 국경을 통과할 칙령을 지닌 백작 부

마리 앙트와네트의 목걸이

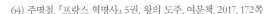

64) 주명철, 『프랑스 혁명사』 5권, 왕의 도주, 여문책, 2017. 172쪽

65) https://www.estrepublicain.fr/culture-loisirs/2020/04/10/un-tresor-de-fantasmes 참조

마리 앙트와네트의 보석함

인은 목걸이를 영국으로 가져가 보관했다.

　또 하나의 귀중한 오브제는 바로 마리 앙트와네트의 보석함이다. 보석함은 한때 초롱초롱한 눈빛으로 자신을 늘 어루만지며 반짝이는 보석들을 고르던 어떤 한 여인의 일생을 알려준다. 공주로 태어나 강력한 왕권하에서 화려한 삶을 살았지만 끝없이 추락하여 프랑스의 마지막 왕으로 기록된 루이 16세의 부인인 마리 앙트와네트이다. 우리가 모두 알 듯 그녀는 단두대에서 처형을 당했다. 화려함과 사치를 즐겼던 여왕은 아무것도 지니지 않은 채 죽음을 맞았다. 마리 앙트와네트는 마지막까지 간직했던 보석함을 죽기 직전까지 시중을 들던 하녀에게 남겼고 하녀는 보석함을 갖고 나와 혹시라도 왕가와 결탁했다는 의혹을 받을까 두려워 침대 밑에 숨겨두었다. 혁명이 끝나고 세상이 조금씩 안정되어 가자 그녀는 이 보석함을 비싼 가격에 팔아 고단한 삶에서 벗어났다.

2　의자 (La chaise)

　한 의자의 과거를 더듬어 읽는 작업은 그 가구가 속삭이는 옛이야기를 그리고 그 위에 앉아 체취를 남기고 간 모든 이들의 희노애락을 듣는 과정이다. 화려한 자리에 머물던 오브제들은 허름한 집 한쪽 구석에 처박혀 있다가 다시 새로운 가치를 알아보는 이들의 손으로 넘어와 고귀한 물건으로 평가받는 그 여정들을 고스란히 간직한 채 묵묵히 입을 떼지 않고 있을 뿐이다. 의자도 마찬가지이다. 오래된 의자는 한 사람의 손에서 그 아들의 손으로, 또 다른 이의 손

투탕카멘의 의자

으로 넘어가면서 수백 년을 살아간다. 의자의 기원은 이집트이다. 이집트에서 최초로 선을 보인 의자는 입방체 형태로 건축에서 영감을 받아 제작되었

다. 나무를 소재로 정사각형 모양으로 제작되어 안락함이나 인체공학적인 특성을 드러내지는 않았다. 가장 아름다운 의자 중 하나는 투탕가멘의 무덤에서 발견되었다. 이후 그리스와 로마 시대를 거쳐 르네상스에 들어와서야 의자가 일반 가정집에 등장했다. 18세기에 들어서는 인기 있는 가구 중 하나로 자리를 잡았다. 의자는 기본적으로 앉을 수 있도록 만들어진 기능을 지니고 있지만 그 이외에도 상징적인 의미를 지닌다.

좌식문화가 정착된 한국에서 '왕좌'는 으뜸가는 자리를 비유적으로 표현한다. 이처럼 프랑스에서도 의자는 종종 권력을 대표하는 오브제로 상징되었다. 권력을 거머쥔 왕들은 그들만의 의자를 제작하여 그 위에 근엄하게 앉은 모습으로 신하들을 대하거나 근엄한 모습을 초상화에 담아 대대로 전해주었다. 의자는 화려한 형태 자체로 권력과 권위를 나타내주었지만 문학적인 표현 속에서 은유적으로 권력을 묘사해주기도 했다. 절대왕권을 행사하던 루이 14세는 최초의 사무용 의자로 알려진 형태를 제작하도록 지시한 인물이다. 그는 화가이자 왕립 회화 조각 아카데미의 예술가인 샤를르 르브룅(Charles Lebrun)에게 베르사유의 호화로운 장식과 연계된 좌석 제작을 맡겼다. 루이 14세가 세상을 떠난 이후 필립 오를레앙공이 섭정하던 기간에 파리는 화려하고 섬세한 로코코 양식으로 물들기 시작했다. 덕분에 뒤를 이은 루이 15세와 16세 시기에는 화려한 가구들이 선을 보였다. 당시 가구를 제작하는 사람들은 무뉘지에(menuisier)[66]와 에베니스트(ébéniste)로 나누어졌는데 덕분에 의자의 디자인도 어느 장인이 만드느냐에 따라 조금씩 양식이 서로 달랐다. 대부분 상류층인 고객들은 디자인을 직접 골라서 장인들에게 요구하는 경우가 많았다. 당시 의자는 못을 박지 않고 쐐기를 박아 제작하는 정교한 기술이 필요한 작업이었다. 멋진 의자가 탄생하기까지는 무뉘지에, 조각가, 금박장인, 타피시에 등 여러 기술자의 손을 거쳐야만 했다.

---

66) 둘 다 가구제조공을 일컫지만 무뉘지에는 프랑스산 나무로만 가구를 만드는 장인들을 말하며 에베니스트는 속과 겉의 나무가 다른 가구들을 만드는 장인을 일컫는다. (이지은,『귀족들의 은밀한 사생활』, 2005, p.143)

폰텐블루성에 있는 나폴레옹 왕좌

가장 화려한 권력의 오브제로 지금까지 사람들의 머릿속에 자리잡고 있는 의자는 바로 나폴레옹 보나파르트의 의자일 것이다. 19세기 최고의 장인이었던 자콥 데스말테(Jacob Désmalter)는 나폴레옹 보나파르트의 호출을 받고 팔걸이에 사자의 머리와 발을 새겨넣은 옥좌를 만들었다.[67] 미술 사학자인 이지은에 따르면 '이 의자는 영원한 힘을 상징하는 둥근 등판과 왕가의 색인 파란 벨벳에 나폴레옹의 왕정을 상징하는 금 꿀벌을 수놓은 쿠션까지 권력이라는 보이지 않는 힘을 눈앞에 생생히 보여주기 위해 만들어진 의자'였다. 실제로, 이 의자는 나폴레옹이 생전에 좋아했던 동물인 사자의 발 모양으로 다리를 제작한 가구로서 중후함뿐 아니라 멋진 디자인을 선보이며 당시 나폴레옹의 권위를 한껏 돋보이게 해주었다.

현대로 오면서도 의자의 상징성은 크게 변화하지 않았다. 의자는 그 자리에 앉아서 행하는 직책에 걸맞은 사회적 지위를 대변해주었다. 각국의 대통령들은 나폴레옹의 의자처럼 화려하지는 않

의자에 앉아있는 마크롱 프랑스 대통령

아도 그들만의 의자에 앉아 책상에 팔을 얹고 사무를 보는 사진들을 여러 매체에 올리고 있다. 프랑스에서 역대 대통령들은 사무를 보기 위해 자신들이 선호하는 의자에 앉아 국사를 처리했다. 의자가 들려주는 이야기는 비단 권력이나 정치에만 국한되지 않는다. 유명한 문학가로 명성을 날린 빅토르 위고의 집이 위치한 파리의 플라스 데 보주를 방문해보면 그가 시와 다른 글을 쓸 때 사용했던 장식용 의자들을 볼 수도 있다. 그가 지은 '날아다니는 새들에게'라는 시 속에서 위고는 '불현듯 벽까지 의자를 밀쳐내고'[68]등의 시구를 통해 의자가 그의 내면의 목소리를 들려주는 역할을 담당했음을 보여

---

67) 이지은, 『유럽 장인들의 아틀리에』, 한길아트, 2007, p.123.

68) Victor Hugo, 『À des oiseaux envolés』, https://www.poesie-francaise.fr/victor-hugo/poeme-a-des-oiseaux-envoles.php 참조

주었다. 또한 아인슈타인처럼 전 세계를 획기적으로 바꾸어놓는 탁월한 업적을 남긴 이들도 의자에 앉아 수많은 아이디어를 쏟아냈다. 이런저런 사람이 스쳐 지나가고 다양한 사건들과 엮인 의자이지만 이 의자의 주인은 결국 의자를 떠나기 마련이다.

의자의 과거를 읽는 작업은 가구가 속삭이는 옛이야기를 듣는 것이다. 어디서, 어떻게 누구의 손에서 태어나, 누구를 만나고, 어떤 일을 겪었는지. 역사의 일부분이 된 가구들, 그래서 보는 이로 하여금 희노애락의 역사를 떠올려주는 가구들이다. 간혹 운이 좋을 때는 한때 주인이었던 사람의 친숙한 체취를 그대로 느낄 수도 있다.

3 성당 (La cathédrale)

프랑스하면 떠올리는 기념물 중 하나는 파리 시테 섬에 위치한 노트르담 대성당이다. 이 성당이 건설되던 중세 시대로 잠시 여행을 떠나보자. 노트르담 성당을 다시 건설하기로 한 1163년은 기근, 폭력, 전염병이 판을 치던 중세 시대였다. 당시 파리의 건축 양식은 반원 아치형의 로마네스크 양식이 대부분이었다. 대성당 건설은 수십 년이나 걸리는 대규모 사업이었다. 샤르트르 성

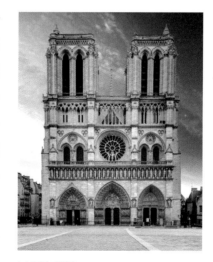

노트르담 대성당

당은 26년 만에, 솔즈베리 성당은 38년 만에 완공되었지만, 이 성당들은 건축 기간이 예외적으로 짧은 편이었다. 이런 열악한 상황 속에서 모리스 드 슐리(Maurice de Sully) 주교는 단호한 결정을 내렸다. 센 강 우측으로 파리의 무역이 번성했고 좌측의 소르본 대학으로 유럽의 많은 학생들이 학문을

위해 몰려들었다. 슐리 주교는 성당이 넉넉하지 않아서 몰려드는 신자들을 모두 수용하지 못하는 것이 몹시 안타까웠다. 더구나 새로 건설하기 이전의 성당은 빛이 건물 내부로 많이 들어오지 않는 구조였다. 슐리 주교는 노트르담 대성당에서 10km 떨어진 곳에 위치한 생드니 수도원이 '고딕'[69]이라는 새로운 건축 양식으로 건설되어 기술적으로, 시각적으로 혁신적인 모습을 나타내는 것을 부러워했다. 그래서 파리의 노트르담 대성당도 이러한 고딕 양식으로 새롭게 선보이고자하는 열망에 사로잡혔다. 급기야 슐리 주교는 기존의 성당을 철거하고 고딕 양식으로 새롭게 성당을 건축하도록 명령했다.

지금도 큰 건물을 짓는 일이 쉽지 않지만 특별한 도구나 재료가 제대로 갖추어지지 않은 중세 시기에 거대한 성당을 세우는 일은 많은 희생이 뒤따르는 작업이었다. 마치 달에 우주선을 보내는 일과 같았다. 수백 명의 인부가 필요했고 이들이 건축하는 기간 거주할 거처도 마련되어야만 했다. 노트르담의 탑은 69m에 해당하는데 당시 이러한 높이를 정확히 측정할만한 수학적 지식이나 도구도 부족했다. 하지만 성당을 재건하고자 모인 이들은 보통 일반적인 건축물을 세우려는 사람의 마음가짐과는 달랐다. 이들은 하나님의 성전을 짓는다는 마음으로 여러 우여곡절과 시행착오를 겪으며 앞으로 묵묵히 나아갔다. 때로는 위험한 일을 겪기도 하고 실패를 맛보기도 했다. 심지어 열심히 세워나갔던 부분이 와르르 무너지는 경험을 하기도 했다. 좋은 의도로 성당 건설을 위해 모인 인부들의 도구는 너무나 허접했고 건설기간 내내 제대로된 안전 장비조차 갖추지 못했을 뿐 아니라 입고 있는 의복 또한 매우 허름했다. 비록 밤마다 등나무를 태워 어둠을 밝히고 나무 그릇에 음료를 담아 마셨지만 자신들의 노력으로 조금씩 모습을 갖춰가는 성당을 보는 것만으로도 이들의 마음은 뿌듯해졌다.

---

69) 고딕 건축 양식(Gothic architecture)은 중세 시대 말 유럽에서 번성한 중세 건축 양식의 하나이다. 로마네스크 건축 이후와 르네상스 건축 이전에 있었다. 12세기에 처음으로 프랑스에 등장하였고 16세기로 접어들면서 전 유럽으로 퍼져나갔다. 르네상스의 후반부 동안 고딕이라는 낱말이 처음 등장하면서, "프랑스 양식" 작품으로 그 기간 동안 알려져 있었다. 특징은 첨두 아치, 리브 볼트, 그리고 플라잉 버트레스를 포함하고 있다. 고딕 건축의 가장 큰 고민은 신의 존재를 표현하는 것이다. (위키페디아 참조)

　열악한 환경이었던 중세 시대에 거대한 성당이 건설될 수 있었던 데에는 여러 요인들이 뒷받침되었다. 첫째, 노트르담 대성당을 건설하던 당시의 기후는 기상학자들이 역사적으로 조사해본 결과 중세 최적의 기후 상태였다고 평가하는 시기였다. 온화한 날씨로 인해 인부들이 건축하는 데 상대적으로 어려움이 덜했다. 둘째는 기존에 사용했던 자재들을 최대한 재활용함으로써 경비를 절약했다는 점이다. 가장 좋은 돌은 있던 자리에 그대로 놓아 새 성당의 기반을 이루었고 부스러져서 못 쓸 정도가 되기 전에는 대부분 서로 붙여서 사용하기도 했다. 하지만 지금 보아도 알 수 있듯이 성당을 건설하는데 상당히 많은 재정이 필요했다. 그래서 파리에서 좀 떨어진 채석장에서 석회암을 채취하여 운반했다. 셋째는 성당 건축을 위해 주교와 석공이 서로 의논하며 성당을 세워나갔다. 슐리 주교는 당시 건축의 대가를 고용하여 건축하도록 했지만 함께 일한 석공들과 바닥에 도면을 그려가며 논의를 거쳐 주교가 원하는 빛이 스며드는 성당을 건설하고자 새로운 아이디어들을 모았다. 보통 논의의 쟁점은 건물의 높이에 대한 부분으로써 역사가인 장 짐펠은 『대성당의 건축가들(Les Bâtisseurs de cathédrales)』에서 신흥 계층인 부르주아들이 '세계 신기록'정신에 사로잡혀 도시마다 가장 높은 교회를 세우기를 열렬히 원했다고 설명했다. 노트르담의 중앙 홀은 당시로는 세계에서 가장 높았다. 넷째는 유럽 각지에서 장인과 인부들이 몰려왔기 때문이다. 당시 석공이나 목수등의 인력이 필요했는데 파리에서 성당을 짓는다는 소문을 접한 인부들이 곳곳에서 몰려들었고 이들 중에는 여성들도 적지 않았다. 여성들은 주로 끌이나 얇은 망치로 석고나 회반죽을 다루는 장인으로 일했다. 가족이 모두 성당에 헌신해 일하는 이들도 있었다. 다섯째는 새로운 양식의 도입으로 인해 더 멋진 성당으로 건축되었다. 1240년 장 드 쉘이라는 석공이 노트르담 대성당에서 빼놓을 수 없는 곳인 장미창을 처음으로 선보였다. 1250년 종탑 두 개가 근처에서 주조된 종을 운반하여 설치함으로써 1260년 노트르담 대성당은 완벽하지는 않지만 그 웅장한 모습을 갖추었다. 하지만 슐리 주교는 안타깝게도 공사를 끝까지 지켜보지 못한 채 1196년 세상을 떠나고 말았다.

참고문헌

참고문헌

1과

이창남, 『도시와 산책자: 파리, 베를린, 도쿄, 경성을 거닐다』, 사월의책, 2020.

로베르트 발저, 『산책』, 박광자역, 민음사, 2016.

Michaël SEIGLE, 『 Le coq gaulois et le coq des Gaulois: mythes et réalité』 ,Anthropozoologica 51 (2): 115-125. 2016. http://doi.org/10.5252/az2016n2a4

Daniel Couturier, 『L'esprit de la girouette』, 『Cheminements, 2006.

https://fr.wikipedia.org/wiki/Symbolisme_du_coq

https://www.pariszigzag.fr/secret/histoire-insolite-paris/pourquoi-le-coq-est-lembleme-de-la-france

https://blog.naver.com/iccicoo/222111212026

https://www.france-voyage.com/balades/

https://www.expedia.fr/stories/les-10-plus-belles-randonnees-pedestres-en-france-2/

https://www.enlargeyourparis.fr/balades/quinze-sorties-autour-de-paris-sans-quitter-ile-de-france

https://journals.openedition.org/crau/565

https://fr.wikipedia.org/wiki/Promenade

https://ignrando.fr/fr/parcours/135506-une-decouverte-des-passages-de-paris

https://www.lak.co.kr/greenn/view.php?id=&cid=1122

https://www.cnrtl.fr/etymologie/promenade

2과

유현준, 『도시는 무엇으로 사는가?』, 을유문화사, 2015.

https://ko.wikipedia.org/wiki/%EC%97%90%ED%8E%A0%ED%83%91

https://www.toureiffel.paris/fr/actualites/130-ans/les-72-noms-inscrits-sur-la-tour-eiffel-qui-pourquoi

https://www.leparisien.fr/societe/la-couleur-de-la-tour-eiffel-va-t-elle-changer-10-03-2018-7600542.php

https://www.bacdefrancais.net/tour.php

https://www.toureiffel.paris/fr/actualites/histoire-et-culture/15-choses-essentielles-savoir-sur-la-tour-eiffel

https://en.wikipedia.org/wiki/Arrondissements_of_Paris(파리의

https://www.pariszigzag.fr/secret/histoire-insolite-paris/les-secrets-du-pont-alexandre-iii

https://www.wikiwand.com/en/Passerelle_Simone-de-Beauvoir

https://www.merveilles-du-monde.com/Tour-Eiffel/Histoire-de-la-tour-Eiffel.php

https://www.1jour1actu.com/info-animee/cest-quoi-lhistoire-de-la-tour-eiffel

https://histoire-image.org/de/etudes/construction-tour-eiffel

https://www.pariszigzag.fr/secret/histoire-insolite-paris/histoire-de-la-tour-eiffel

https://www.curieuseshistoires.net/accueil-tour-eiffel-histoire-guillotine/

https://lumieresdelaville.net/portfolio-view/tour-eiffel-nombreux-enfants/

3과

Jean-Pierre Babelon, 『Paris Monumental』, lammarion, 1974.

Anne et Laurent Theis, Robert Laffont, 『Duchesse de Dino』, Souvenirs et chronique, 2016.

https://www.hani.co.kr/arti/culture/religion/967997.html#csidx8209dea12a59af5a1a15807db7793a7

https://m.blog.naver.com/PostView.nhn?isHttpsRedirect=true&blogId=francecon&logNo=120043570448

https://www.hani.co.kr/arti/culture/religion/967997.html#csidxe233874db555f8dbc438896dfc7c64a

https://www.europe1.fr/emissions/Au-coeur-de-l-histoire/les-invalides-lhistoire-meconnue-dun-joyau-au-centre-de-paris-3972561

https://www.perrignier.pro/pourquoi-la-mairie-s-appelle-hotel-de-ville.html

https://www.napoleon.org/magazine/lieux/les-invalides-le-tombeau-de-napoleon-paris/

4과

https://www.doopedia.co.kr/photobox/comm/community.do?_method=view&GAL_IDX=181026001130466#hedaer

https://fr.wikipedia.org/wiki/%C3%89tretat

https://lamariniereenvoyage.com/une-journee-aux-falaises-etretat/

https://france3-regions.francetvinfo.fr/normandie/seine-maritime/maurice-leblanc-auteur-d-arsene-lupin-enchante-etretat-mais-reste-oublie-a-rouen-1926022.html

http://algogaza.com/item/etretat/

http://paratourclub.com/board/index.html?id=event&no=94

https://m.blog.naver.com/PostView.naver?isHttpsRedirect=true&blogId=neuro412&logNo=221999143888

https://www.programme-tv.net/news/evenement/grand-prix-tele-loisirs-2018/206596-falaises-detretat-normandie-son-histoire-et-ses-curiosites/

https://www.cairn.info/revue-d-histoire-litteraire-de-la-france-2003-1-page-93.htm?contenu=article

https://www.ouest-france.fr/europe/malte/la-fenetre-d-azur-l-etretat-maltais-s-est-effondree-ce-matin-4843484

https://brunch.co.kr/@leoleeparis/13

5과

『Jeanne d'Arc (Biographies Historiques)』, Régine Pernoud, Fayard, 1986,

https://www.mk.co.kr/news/culture/view/2014/11/1457363/

https://www.herodote.net/Le_Roi_Soleil_et_la_France_a_son_apogee-synthese-192.php

https://fr.wikipedia.org/wiki/Nom_de_la_France

https://www.lycee-chateaubriand.fr/revue-atala/wp-content/uploads/sites/2/2000/10/Atala3_Pique.pdf

https://histoireparlesfemmes.com/2012/11/30/jeanne-darc-heroine-de-lhistoire-de-france/

https://www.lak.co.kr/greenn/view.php?cid=65681 (황주영, 환경과 조경 397호, 2021년)

6과

알베르 소불 저, 최갑수 역 『프랑스 혁명사 (La Revolution Francaise)』, 교양인, 2018.

찰스 디킨스 저, 성은애 역, 『두 도시 이야기』, 창비, 2015.

에밀 졸라 저, 박명숙 역, 『에밀 졸라 전진하는 진실』, 은행나무, 2014.

Emile Zola, 『La vérité en marche』, Bibliothèque-Charpentier, Paris, 1901.

https://hashmm.com/post/peurangseu-hyeogmyeong-ihaehagi/

http://ch.yes24.com/Article/View/28829

https://sidepower.tistory.com/489

https://woman.donga.com/3/all/12/152005/1

https://m.khan.co.kr/culture/culture-general/article/201301121017581

http://news.cauon.net/news/articleView.html?idxno=22372

http://www.pssp.org/bbs/view.php?board=focus&nid=8123

https://www.joongang.co.kr/article/3207696#home

https://brunch.co.kr/@nplusu/167

https://histoire-image.org/fr/etudes/j-accuse-zola

https://www.famous-trials.com/dreyfus/2613-j-accuse-by-emile-zola-texts-in-english-and-french

https://www.lhistoire.fr/pourquoi-zola-%C3%A9crit-%C2%ABjaccuse-%C2%BB

https://www.lepoint.fr/culture/j-accuse-il-y-a-120-ans-le-cri-d-emile-zola-13-01-2018-2186242_3.php

https://post.naver.com/viewer/postView.nhn?volumeNo=11239551&memberNo=16515656

7과

조승래, 『공화국과 공화주의』, 역사학보 198, 2008.6, 227-254.

박단, 『프랑스공화국과 이방인들』, 서강대 출판부, 2013.

Didier Jean et Zad, 『L'agneau qui ne voulait pas être un mouton』, Syros jeunesse, 2008.

김형주, 『영화 속에 나타난 전쟁의 재현과 의미』, 한국콘텐츠학회논문지 Vol. 12 No. 11, 2012,

https://www.koreascience.or.kr/article/JAKO201201052162035.pdf

https://www.franceculture.fr/histoire/histoire-la-france-dans-la-seconde-guerre-mondiale

https://france3-regions.francetvinfo.fr/normandie/video-2-minutes-comprendre-comment-francais-resistent-occupation-allemande-1673489.html

https://www.futura-sciences.com/sciences/questions-reponses/histoire-sont-plus-celebres-resistants-seconde-guerre-mondiale-5559/

https://fr.wikipedia.org/wiki/Mai_68

https://www.lemonde.fr/societe/article/2018/03/22/mai-68-le-mouvement-du-22-mars-a-nanterre-peut-etre-percu-comme-un-detonateur_5274952_3224.html

8과

한동훈, 『프랑스 헌법상 정교분리(laïcité)의 원칙』, 헌법재판소 헌법재판연구원, 2018.

곽노경, 김선미, 『프랑스문화와예술 그리고 프랑스어』, 신아사, 2012.

Nicolas Duvoux (dir.), 『L'avenir de la solidarité』, Paris, PUF, coll. « La vie des idées », 2013

Pierre Boisard, 『Solidarité publique et solidarités privées』, Revue française des affaires sociales, n° 1-2

David El Kenz, 『La naissance de la tolérance au 16e siècle : l'« invention » du massacre』, 2006.

Claude Durand-Prinborgne, 『La laïcité』, Dalloz, 2004.

http://sens-public.org/articles/340/

https://www.franceculture.fr/emissions/talmudiques/les-visages-de-la-tolerance

https://www.donga.com/news/article/all/20201022/103563107/1

https://www.idhes.cnrs.fr/solidarite-publique-et-solidarites-privees/

9과

[네이버 지식백과] 누벨바그 [nouvelle vague] (두산백과)

백선기, 『영화 그 기호학적 해석의 즐거움 2』, 커뮤티케이션북스, 2010

John Rewald, 『Le poste-impressionisme: De Van Gogh à Gauguin』, Hachette, 2004.

« Webtoons » : le phénomène des bandes dessinées sud-coréennes adaptées au smartphone, Clémence Duneau, Le monde, le 25 février 2021.

https://www.lemonde.fr/pixels/article/2021/02/25/webtoons-le-phenomene-des-bandes-dessinees-sud-coreennes-adaptees-au-smartphone_6071227_4408996.html

https://www.verytoon.com

https://www.webtoonfactory.com

https://www.delitoon.com

«France Info» (2021. 1. 19.) <On vous explique pourquoi les éditeurs français misent sur le Webtoon, ce phénomène BD venu de Corée-du-Sud>,

https://www.francetvinfo.fr/culture/bd/delcourt-lance-a-son-tour-sa-plateforme-de-webtoon-verytoon-pourquoi-les-editeurs-francais-misent-ils-sur-ce-phenomene-bd-venu-de-coree_4259269.html

«Le Parisien» (2021. 2. 6.) <La BD sur smartphone à la conquête du métro>,

https://www.leparisien.fr/culture-loisirs/livres/la-bd-sur-smartphone-a-la-conquete-du-metro-06-02-2021-8423592.php

https://lelephant-larevue.fr/thematiques/art-et-litterature/histoire-mouvementee-de-bande-dessinee/

http://kofice.or.kr/c30correspondent/c30_correspondent_02_view.asp?seq=19654&page=1&find=&search=&search2=

https://www.nationalgeographic.fr/histoire/2019/02/comment-les-freres-lumiere-ont-invente-le-cinema

https://fr.wikipedia.org/wiki/Nouvelle_Vague

https://mymodernmet.com/fr/films-nouvelle-vague-france/

https://www.dadart.com/dadaisme/dada/035a-duchamp-cage.html

https://namu.wiki/w/%EB%8B%A4%EB%8B%A4%EC%9D%B4%EC%A6%98

https://e-studiolab.tistory.com/130

https://www.1jour1actu.com/monde/henri-rousseau-peignait-ses-reves/

http://dic.kumsung.co.kr/web/smart/detail.do?headwordId=6388&findCategory=B001009&findBookId=53

https://www.cairn.info/revue-societes-2011-2-page-95.htm

https://www.erudit.org/fr/revues/im/2008-n11-im3117/037542ar.pdf

https://www.koreascience.or.kr/article/JAKO201229765635390.pdf

https://blog.naver.com/roland02/100004728749

10과

일요서울(http://www.ilyoseoul.co.kr)

박동준,『거리예술축제의 미학적 해부 - 프랑스 거리예술과 거리예술페스티벌을 중심으로』, 유럽사회문화연구소 엮음, ⬚축제정책과 지역 현황⬚, 연세대학교출판부, 2006.

박율미, 김용환,『음유시인 - 트루바두르와 트루베르, 민네징거와 마이스터징거』, 서양음악사 100장면, 2002

표원섭, 송대환,『소설과 문화언어 표현양상 탐색-영화 · 공연예술 언어를 중심으로』, 한국언테테인먼트산업학회논문지 제11권 제7호, 2017.

Martial Poirson,『Molière』, Seuil, 2022.

Georges Forestier,『Molière』. Œuvres complètes, Tome I et II, Pléiade, 2022.

Satie Erik,『Correspondance presque complète』, Ornella Volta éd., Paris, Fayard/IMEC, 2000.

원대신문(http://www.wknews.net)

https://fr.wikipedia.org/wiki/Carnaval

https://www.mk.co.kr/premium/life/view/2015/01/9087/

http://dailyculture.co.kr/board/

https://frdaejeon.tumblr.com/post/90113779267/%EB%AE%A4%EC%A7%80%EC%BB%AC-%ED%83%9C%EC%96%91%EC%99%95-la-com%C3%A9die-musicale-le-roi-soleil

https://www.villedegarges.fr/bouger-et-sortir/grands-evenements/festival-des-arts-de-la-rue

https://artsdelarue.fr/

https://cbmpress.com/bbs/board.php?bo_table=tnews&wr_id=2167

Amélie BOULANGER, Les Arts de la reu, demain -Enjeux et perspectives d'un "nouvel art de ville"-, DESS Développement culturel et direction de projet ARSEC - Université Lumiere

https://www.cairn.info/revue-ela-2008-4-page-463.htm

https://m.blog.naver.com/ahappyjoliehj/222143550483

https://terms.naver.com/entry.naver?docId=3577166&cid=58999&categoryId=58999

https://www.persee.fr/doc/caief_0571-5865_1989_num_41_1_1711

http://www.munhwa.com/news/view.html?no=2020060201031812000001 (에디트 피아프)

https://www.linternaute.fr/musique/biographie/1777430-edith-piaf-biographie-de-la-mome-de-la-chanson-francaise/

https://www.francetvinfo.fr/culture/musique/chanson-francaise/edith-piaf-l-histoire-de-la-chanson-mythique-non-je-ne-regrette-rien_4176125.html

http://www.bosa.co.kr/news/articleView.html?idxno=2114370

http://musiquesetidees.blogspot.com/2008/03/la-musique-dameublement-ou-le-nouveau.html

http://newsteacher.chosun.com/site/data/html_dir/2020/04/09/2020040900425.html

http://webzine.artgy.or.kr/?p=17214

https://news.koreanair.com/%EC%98%88%EC%88%A0-%EA%B7%B8%EB%A6%AC%EA%B3%A0-%EB%8F%84%EC%8B%9C-%EC%95%84%EB%B9%84%EB%87%BD/

https://books.google.co.kr/books?id=zl6iDwAAQBAJ&pg=PT125&lpg=PT125&dq=%ED%94%84%EB%9E%91%EC%8A%A4+%EC%97%B0%EA%B7%B9%EC%97%AD%EC%82%AC&source=bl&ots=ehJrAtGOrI&sig=ACfU3U112di7UwX3sQ9h12AxlVOcFDeByw&hl=ko&sa=X&ved=2ahUKEwjijKS65vT1AhWH-mEKHduUCrU4UBDoAXoECBEQAw#v=onepage&q=%ED%94%84%EB%9E%91%EC%8A%A4%20%EC%97%B0%EA%B7%B-

9%EC%97%AD%EC%82%AC&f=false (프랑스식 사랑의 역사 - 시대의 창)

https://lejournal.cnrs.fr/articles/la-puissance-comique-de-moliere-continue-de-produire-ses-effets

http://weekly.khan.co.kr/khnm.html?mode=view&artid=202010161547331&code=116

https://www.superprof.fr/ressources/langues/francais/lycee-fr3/1ere-s-fr3/cours-dramaturgie-essai.html

https://www.franceculture.fr/emissions/les-nuits-de-france-culture/images-et-visages-du-theatre-d-aujourd-hui-alfred-simon-sur-moliere-1ere-diffusion-06-02-1973

https://www.theatregerardphilipe.com/tgp-cdn/blog/le-theatre-est-il-de-lart.html

https://www.dbpia.co.kr/pdf/pdfView.do?nodeId=NODE07129342

https://www.geo.fr/histoire/pourquoi-le-francais-est-il-appele-la-langue-de-moliere-207783

https://www.arts-cultures.fr/quelle-est-l-importance-du-theatre/

https://www.ouest-france.fr/culture/arts/theatre/400-ans-de-moliere-il-faut-decaper-le-mythe-selon-l-historien-martial-poirson-4473585a-739d-11ec-adb3-e05a5ebfa4f4

https://www.pariszigzag.fr/secret/histoire-insolite-paris/petite-histoire-de-lacademie-francaise

https://www.francebleu.fr/emissions/paris-des-arts/107-1/la-comedie-francaise-entre-symbole-et-modernite

https://www.franceculture.fr/histoire/la-comedie-francaise-une-institution-aux-debuts-tragiques

11과

이지은, 『귀족의 은밀한 사생활』, 지안. 2005

Boccace, 『Décaméron』, Laurent de Premierfait 번역, Ceres, 1999.

https://lepetitjournal.com/shanghai/communaute/french-touch-le-pain-une-histoire-francaise-253580

https://fr.wikipedia.org/wiki/Pain

https://www.pariszigzag.fr/secret/histoire-insolite-paris/petite-histoire-de-la-baguette-notre-pain-quotidien

https://www.caminteresse.fr/histoire/pourquoi-dit-on-avoir-du-pain-sur-la-planche-1198203/

https://m.khan.co.kr/opinion/column/article/201509082107325/amp

https://m.blog.naver.com/PostView.naver?isHttpsRedirect=true&blogId=alexcho53&logNo=130182995579

https://www.cia-france.fr/blog/culture-traditions-francaises/cuisine-france/

https://www.cairn.info/revue-de-la-bibliotheque-nationale-de-france-2015-1-page-12.htm

https://www.evous.fr/Une-breve-histoire-de-la-baguette-en-France,1176353.html

https://www.cafesmiguel.fr/blog/p-histoire-du-cafe-en-france

https://parlons-francais.tv5monde.com/webdocumentaires-pour-apprendre-le-francais/Memos/Culture/p-386-lg0-Les-cafes-et-l-histoire-litteraire-et-artistique.htm

https://www.lefigaro.fr/sortir-paris/2018/03/15/30004-20180315ARTFIG00029-les-5-cafes-litteraires-historiques-a-paris.php

https://www.france-pittoresque.com/spip.php?article15696

https://legrandcontinent.eu/fr/2021/01/06/conversation-pierre-herme/

https://www.castelanne.com/blog/invention-macaron/

https://www.historia.fr/gastronomie/macaron-la-gourmandise-en-marche

12과

곽노경, 『'바지'의 상징성에 대한 연구 -프랑스 여성들의 관점을 중심으로』, 프랑스어문교육 46권 0호, 2014.

곽노경, 『프랑스어 단어 속에 담긴 문화연구』, 비교문화연구, 2017.

Bard, C, 『Une histoire politique du pantalon』, Le Seuil, 2010.

홍성민, 『취향의 정치학』, 현암사, 2012.

https://www.linternaute.fr/actualite/biographie/1776228-madame-de-pompadour-biographie-courte-dates-citations/

https://www.herodote.net/Une_femme_d_influence_et_de_gout-synthese-315.php

https://www.histoire-pour-tous.fr/histoire-de-france/4555-jeanne-poisson-marquise-de-pompadour.html

https://www.franceculture.fr/personne-coco-chanel

https://www.vogue.fr/communaute/wiki-de-la-mode/articles/coco-chanel-le-chic-tout-simplement/20593

https://brunch.co.kr/@wacany/3

https://www.mk.co.kr/news/culture/view/2020/04/361528/

https://www.manufrance.fr/actualite/lhistoire-du-beret-entre-tradition-et-symbole-francais

https://www.pariszigzag.fr/secret/histoire-insolite-paris/dou-vient-le-cliche-du-beret-parisien

https://histoire-image.org/de/etudes/fin-corset-liberation-corps-femme

https://www.letemps.ch/lifestyle/lemancipation-femme-robe-toute-une-histoire

https://www.instiz.net/pt/4504159

13과

이고은, 『IPDR과 번역 능력 요소를 결합한 번역 문제 해결 모형 제안- 노트르담 대성당의 역사를 중심으로 - 』충북대학교, 2021, 석사논문

이지은, 『유럽 장인들의 아틀리에』, 한길아트, 2007, p.123.

이지은, 『기억의 의자 중세부터 매뉴팩처까지 장인의 시대』, 모요사, 2021.

Victor Hugo, 『À des oiseaux envolés』,

Jean-François Solnon, 『Louis XVI et Marie-Antoinette-Une union à contretemps』, Les couples illustres de l'histoire de France, 2019.

https://www.poesie-francaise.fr/victor-hugo/poeme-a-des-oiseaux-envoles.php

https://www.flemarie.fr/blog/2012/11/les-differents-types-de-chaise-du-design-et-du-confort/

https://www.labyrinthe-interiors.com/fr/levolution-de-la-chaise-une-grande-histoire/

https://magazine.interencheres.com/art-mobilier/petit-lexique-des-meubles-anciens-aux-droles-de-noms/

https://collection.mobiliernational.culture.gouv.fr/selections/499

https://www.simon-bureau.com/fauteuil-bureau-histoire.html

https://www.ladepeche.fr/article/2007/10/01/24749-le-dernier-tresor-de-marie-antoinette-aux-encheres.html

https://www.estrepublicain.fr/culture-loisirs/2020/04/10/un-tresor-de-fantasmes

https://www.jstor.org/stable/44863792

외국어 출판 40년의 신뢰
외국어 전문 출판 그룹
동양북스가 만드는 책은 다릅니다.

40년의 쉼 없는 노력과 도전으로 책 만들기에 최선을 다해온 동양북스는
오늘도 미래의 가치에 투자하고 있습니다.
대한민국의 내일을 생각하는 도전 정신과 믿음으로 최선을 다하겠습니다.

📖 동양북스 추천 교재

일본어 교재의 최강자, 동양북스 추천 교재

회화 코스북

일본어뱅크 다이스키
STEP 1·2·3·4·5·6·7·8

일본어뱅크
좋아요 일본어 1·2·3·4·5·6

일본어뱅크 도모다찌
STEP 1·2·3

분야서

일본어뱅크
좋아요 일본어 독해 STEP 1·2

일본어뱅크
일본어 작문 초급

일본어뱅크
사진과 함께하는
일본 문화

일본어뱅크
항공 서비스 일본어

가장 쉬운 독학
일본어 현지회화

수험서

일취월장 JPT
독해·청해

일취월장 JPT
실전 모의고사 500·700

일단 합격하고 오겠습니다
JLPT 일본어능력시험
N1·N2·N3·N4·N5

일단 합격하고 오겠습니다
JLPT 일본어능력시험
실전모의고사 N1·N2·N3·N4/5

단어·한자

특허받은
일본어 한자 암기박사

일본어 상용한자 2136
이거 하나면 끝!

일본어뱅크
좋아요 일본어 한자

가장 쉬운 독학
일본어 단어장

일단 합격하고 오겠습니다
JLPT 일본어능력시험
단어장 N1·N2·N3

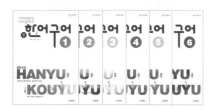

중국어뱅크 북경대학 신한어구어
1·2·3·4·5·6

중국어뱅크 스마트중국어
STEP 1·2·3·4

중국어뱅크 집중중국어
STEP 1·2·3·4

중국어뱅크
뉴! 버전업 사진으로
보고 배우는 중국문화

중국어뱅크
문화중국어 1·2

중국어뱅크
관광 중국어 1·2

중국어뱅크
여행실무 중국어

중국어뱅크
호텔 중국어

중국어뱅크
판매 중국어

중국어뱅크
항공 실무 중국어

정반합 新HSK
1급·2급·3급·4급·5급·6급

일단 합격 新HSK 한 권이면 끝
3급·4급·5급·6급

버전업! 新HSK
VOCA 5급·6급

가장 쉬운 독학
중국어 단어장

중국어뱅크
중국어 간체자 1000

특허받은
중국어 한자 암기박사

📖 동양북스 추천 교재

중고급 학습

첫걸음 끝내고 보는 프랑스어 중고급의 모든 것	첫걸음 끝내고 보는 스페인어 중고급의 모든 것	첫걸음 끝내고 보는 독일어 중고급의 모든 것	첫걸음 끝내고 보는 태국어 중고급의 모든 것	첫걸음 끝내고 보는 베트남어 중고급의 모든 것

단어장

버전업! 가장 쉬운 프랑스어 단어장	버전업! 가장 쉬운 스페인어 단어장	버전업! 가장 쉬운 독일어 단어장	가장 쉬운 독학 베트남어 단어장

여행 회화

NEW 후다닥 여행 중국어	NEW 후다닥 여행 일본어	NEW 후다닥 여행 영어	NEW 후다닥 여행 독일어	NEW 후다닥 여행 프랑스어	NEW 후다닥 여행 스페인어	NEW 후다닥 여행 베트남어	NEW 후다닥 여행 태국어

수험서 · 교재

한 권으로 끝내는 DELE 어휘·쓰기·관용구편 (B2~C1)	수능 기초 베트남어 한 권이면 끝!	버전업! 스마트 프랑스어	일단 합격하고 오겠습니다 독일어능력시험 A1·A2·B1·B2